中国个人信息被遗忘权的立法困境与路径选择

李怡娴 著

九州出版社
JIUZHOUPRESS

图书在版编目（CIP）数据

中国个人信息被遗忘权的立法困境与路径选择/李怡娴著 . --北京：九州出版社，2024.5

ISBN 978-7-5225-2952-3

Ⅰ.①中… Ⅱ.①李… Ⅲ.①个人信息-法律保护-研究-中国 Ⅳ.①D923.74

中国国家版本馆 CIP 数据核字（2024）第 103640 号

中国个人信息被遗忘权的立法困境与路径选择

作　　者	李怡娴　著
责任编辑	杨鑫垚
出版发行	九州出版社
地　　址	北京市西城区阜外大街甲 35 号 （100037）
发行电话	（010）68992190/3/5/6
网　　址	www.jiuzhoupress.com
电子信箱	jiuzhou@jiuzhoupress.com
印　　刷	天津和萱印刷有限公司
开　　本	710 毫米×1000 毫米　　16 开
印　　张	11.75
字　　数	200 千字
版　　次	2024 年 5 月第 1 版
印　　次	2024 年 5 月第 1 次印刷
书　　号	ISBN 978-7-5225-2952-3
定　　价	78.00 元

　　大数据时代给我们的生活带来了深刻的变化，网络环境日趋复杂，数据的重要性日益增加，对数据的监管和处理手段也更为精细化。全球各国对个人数据保护的立法工作日益重视，与此相伴的是数据主体对自身数据安全的关注程度不断上升。在当今时代，随着数字技术的迅猛进展，信息的存储与传递方式经历了翻天覆地的变革。原本信息保持的方式被颠覆，记忆不再是偶然现象，反而成为日常生活的一种常态；相对地，遗忘这一现象则变得极为罕见。此种背景下，被遗忘权旨在引领人类摆脱数字化环境下的全景式监控困境，进而使得遗忘能够重归我们的日常生活。被遗忘权这一新兴权利是在互联网和大数据迅猛发展的时代背景下应运而生的。自20世纪90年代起，这一权利概念就已经被学者提出，但直到进入21世纪，随着互联网的普及和数据量的爆炸性增长，被遗忘权的立法和司法问题才开始受到各个国家和地区的广泛关注，成为法学界研究的热点和重点。

　　被遗忘权可以被划分为两个不同的类别：一是存在于前互联网时代的"传统被遗忘权"，二是出现在互联网时代的"数字被遗忘权"。目前，大众频繁讨论的"被遗忘权"通常指的是后者——"数字被遗忘权"。该权利允许数据主体请求移除或更改他们在互联网上发布的、不适宜的、不相关的或已不再相关的过时个人信息。行使被遗忘权的过程主要是通过删除来实现的，其根本目标是维护个人的尊严。其目标是确保已公开的个人信息重新回归隐私领域，从而保护个人隐私和自由。传统隐私权保护的个人信息主要是未公开的个人信息。这些私密的信息关涉公民的人性尊严，因此不得非法披露。而被遗忘权所保护的个人信息主要是已经公开的个人信息，而且往往是合法公开的信息。对于这些已经合法公开的个人信息，传统隐私权无法有效保护。因此，被遗忘权的出现具有其合理性和必然性。

被遗忘权在现代社会中颇具争议，其与言论自由、公众知情权和公共利益等权益之间存在不可避免的冲突。然而，最新研究显示，被遗忘权并非仅是一种立法价值观的体现，它实际上是一种适应信息化时代的权益冲突解决策略，是一种中立性的利益平衡法则。被遗忘权制度不仅仅是一项权利，它更是一个在信息化时代下用于解决权益冲突的重要框架。这个框架的核心在于平衡不同利益之间的冲突，为各方提供公正的解决方案。被遗忘权制度的本质可以被视为一种中性的利益权衡规则，它旨在确保个人数据主体的权益不受侵犯，同时维护整个社会的公共利益。被遗忘权制度在立法和司法实践中引入的比例原则对平衡强势利益与弱势利益起到了很好的平衡作用。因此，该制度和权利（权益）家族中的其他成员的冲突，并不能成为否定其确立的充足理由。被遗忘权不仅彰显了信息自决的核心理念，而且在维护人格尊严方面占据着至关重要的地位。在全球范围内，这一权利的价值得到了绝大多数国家和地区的高度评价，其法定化进程已成为适应时代进步的必然趋势。

世界上众多国家和地区都对被遗忘权的重要性给予了广泛认可，例如欧盟、美国、日本、澳大利亚以及俄罗斯等，他们已将被遗忘权纳入法律体系，或是对其进行了部分法定化。这一权利的价值得到了全球各地的关注和尊重，彰显出其在现代社会中的重要地位。大多数国家和地区都对被遗忘权持较为积极的态度，根据立法态度的差异可以将这些致力于被遗弃权研究的国家分为三类：其一，"立法派"。在这类国家中，有的主张通过立法的方式明文确立被遗忘权；有的主张将被遗忘权纳入其他权利之中。其二，"观望派"。这类国家尚没有明确表示要将被遗忘权确立为一项法定权利，但是它们在某些立法或司法判例中作出了保护被遗忘权的本土化的尝试，其尝试符合被遗忘权的理念。其三，"守旧派"。这类国家的立法仍停留在保护"传统被遗忘权"的阶段，而互联网时代的"数字被遗忘权"尚未提上立法议程。

目前，中国虽尚未以立法的形式确立被遗忘权制度，但是对被遗忘权已经展开了一定程度的立法探索，并已存在其现实需求和立法基础。2021年，我国颁布并实施了《个人信息保护法》，该法以专门立法的形式，对个人信息的收集、使用、提供和删除做出了全面详尽的规定。这一举措对于解决我国网络环境下个人信息容易被侵犯的问题，具有里程碑式的意义。该法第47条正式确立了个人信息删除权，"删除权"实际就是对被遗忘权的本土化探索的成果。综观《个人信息保护法》从起草到正式出台的整个制定过程，中国"删除权"与欧盟"被遗忘权"之间的内在联系始终是关注焦点，并引发了激烈、细致的探讨。中国《个人信息保护法》所规定的"删除权"与欧盟"被遗忘权"之间的对比，在特殊权利主体的保护、合法公开信息的处理、责任主体的界定和对权利冲突问题的衡量等方面都存在着诸多不同。另外，中国"删除权"与欧盟"被遗忘权"相比，在人格尊严的保护和个人信息传播途径规制上还存在明显的差距。

在中国现行的法律体系中，尚不存在对被遗忘权的明确规定，这种制度的缺失为司法实践带来了诸多不便。随着互联网技术的飞速发展和大数据时代的到来，全球范围内对个人信息保护的立法趋势愈发明显，这预示着我国应当对被遗忘权这一权利给予必要的重视。鉴于此，通过立法手段对被遗忘权进行明确的制度化设计，变得尤为迫切和重要。中国构建被遗忘权制度，重点是在立法上将被遗忘权作为一项具体的民事权利予以确立，具体思路可以从宏观和微观两个层面进行思考。宏观层面，建议采取二元立法模式，将被遗忘权引入《民法典·人格权编》《个人信息保护法》，作为一般法与特别法对被遗忘权予以立法保护；微观层面，建议借鉴域外优秀的立法经验，并考虑中国的实际情况，合理构建被遗忘权保护的权利结构，并完善具体操作规则和方式，进而形成综合性的被遗忘权制度构建体系。

笔者在撰写本书的过程中，参考了大量的文献和资料，在此对相关文献资料的作者表示由衷的感谢。此外，由于笔者时间和精力有限，书中难免会存在不妥之处，敬请广大读者和各位同行予以批评雅正。

|目 录|

绪　论

一、研究背景

在信息技术的迅猛进步中，互联网产业日益成熟，云计算技术逐渐普及，人类已经进入了大数据的时代。在这一新时代背景下，大量的数据能够在互联网上长期存储，记忆变得普遍，而遗忘却变得罕见。①互联网通过分析信息主体的行为数据（如搜索记录、位置定位、理财资产分布、购物信息、行程轨迹、聊天记录、求职及买卖租赁房屋记录等），能够轻易地得到信息主体的性格、偏好、常住地点、购买力等个人信息。在大数据环境下，如果行为数据无法得到及时清除，长期累积后将形成每个人的"数字人格画像"。在互联网的语境中，人们似乎失去了隐私的遮蔽，变成了"透明人"，难以寻找到躲藏的角落。这种情形就如同打造了一座"数字化的全景式监狱"，这无疑是对信息主体的自由和人格尊严的侵害。②

在数据驱动时代的冲击下，社会各个领域均感受到了其深远的影响。数据技术的运用不仅加速了社会发展的步伐，也引发了一系列前所未有的难题。首先，数据时代促进了多种新兴商业模式的诞生。企业利用算法推荐和智能广告投放等策略，精确捕捉消费者的需求和偏好，从而扩大了市场份额。但这种普遍存在的智能推荐也对消费者的日常生活产生了不良影响，引发了广泛的隐私担忧。另外，个人数据在数据时代构成了一种"数

---

① 维克托·迈尔—舍恩伯格.删除：大数据取舍之道 [M].袁杰，译.杭州：浙江人民出版社，2013：3—5.

② 李园.被遗忘权的法定化研究 [D].长春：长春理工大学，2019：1.

字化的历史足迹"，其中包括犯罪记录、失信行为等敏感信息。这些信息不仅关系到个人信息主体的权利，也对社会公正提出了挑战。企业在招聘过程中可能会通过网络搜索应聘者的相关信息，以判断其价值观是否符合公司要求。然而，这种做法可能导致不公平的结果，例如公共场所的不良行为可能成为个人"数字化历史"上的永久的记录，对个人的人格成长、教育、职业、社交等方面产生负面影响。研究还指出，过度排斥有不良记录的人可能会制造出敌对的社会阶层，成为潜在的社会风险，威胁到国家安全、社会秩序和个体安全。因此，我们必须采取有效的策略来应对这些挑战。为了应对这些问题，我们需要创立一种新的权利，帮助人们摆脱"数字化的全景式监狱"。这项权利应聚焦于信息主体在数据时代的权利保护，包括对个人数据的知情权、同意权、删除权等。通过修订和完善相关法律法规，规范数据的收集、利用和储存，确保信息主体的自由和人格尊严得到充分保护。

总之，大数据时代带来的挑战要求我们重新审视个人信息保护的重要性，并建立相应的权利体系。赋予信息主体更多自主权，有助于规范数据引导行为，减轻隐私焦虑，促进社会公平和谐。目前，我国已经构建了一个相对完备的隐私权法律保护框架，其主要目的是为了保护那些未公开或未经授权的个人信息。但是，对于那些已经合法公开且具有身份识别特征的个人信息，现有的法律体系仍然存在保护的缺失。[1]被遗忘权，作为一种法律救济手段，是法律赋予信息主体在面临信息传播失控时，请求数据控制者采取删除或隐藏等方式，消除已合法公开、过时、不相关或不准确的个人信息，从而避免对其产生负面影响，达到保障信息主体个人信息安全和人格尊严不受侵犯之目的。[2]关于被遗忘权问题，最早被法律探讨源于2014年的"冈萨雷斯"案，案件最终判决原告有权请求被告网络公司

---

① 仲旻晞. 被遗忘权法律性质之辨析［J］. 濮阳职业技术学院学报，2020，33（3）：45.
② 仲旻晞. 被遗忘权法律性质之辨析［J］. 濮阳职业技术学院学报，2020，33（3）：46.

删除其过时的个人信息，随后欧盟在 2016 年的《统一数据保护条例》（GDPR）中规定了被遗忘权的相关法律内容。除欧盟之外，美国也有对被遗忘权的案件判例，但是美国对该权利适用法律的限制性较强，只在涉及未成年的案子中才予以适用。中国同样出现过关于被遗忘权的案件，案中原告任某请求该公司删除其个人信息，但法院认为中国法律中被遗忘权不是法定权利，最终没有支持原告的请求。

随着网络信息技术的发展和网络安全立法的不断完善，中国也出现了构建被遗忘权制度的雏形。为了在大数据时代对个人信息处理与利用行为进行规范，2021 年 8 月 20 日，《中华人民共和国个人信息保护法》（以下简称《个人信息保护法》）正式获得通过，并于 2021 年 11 月 1 日开始实施。作为我国首部针对个人信息保护的专门性立法，《个人信息保护法》构建了完整的个人信息保护框架。《个人信息保护法》第 47 条确立了个人信息删除权，明确了信息主体在特定情况下可以要求个人信息处理者履行删除义务。在法律起草至正式实施的过程中，删除权与被遗忘权之间的关系引起了广泛关注和讨论。① 在《个人信息保护法》的制定过程中，立法者选择先行确立删除权，而未引入被遗忘权。这一决策引发了深思，需要我们深入分析删除权与被遗忘权的异同，探讨在个人信息立法中各自的地位。在个人信息删除权法定化的背景下，我们应思考中国是否有必要引入被遗忘权。这将是对删除权与被遗忘权在个人信息保护立法中的定位，以及在现实操作中如何平衡二者之间的关系的重要课题。

因此，本书在介绍被遗忘权基础理论和论证其立法价值的基础上，探索删除权与被遗忘权的关系，提出被遗忘权法定化的合理路径和实施建议，以期对中国的个人信息安全、人格权的保护与完善提供些许智力支持。

---

① 杨立新，赵鑫.《个人信息保护法》规定的本土被遗忘权及其保护［J］. 河南财经政法大学学报，2022（1）：61.

二、研究目的与意义

(一) 研究目的

第一,在我国错综复杂的网络环境中,个人信息面临着被滥用和侵害的风险。"过度互联网"导致个体将隐私空间隔离开来的过程中所产生的成本越来越高,个人信息安全问题层出不穷。在大数据背景下,研究个人信息保护方面的课题也因此越来越多。最开始提出的被遗忘权,是以被遗忘权和删除权为主,它和隐私保护紧密相联。但是,随着时代的发展,个人权益保护的范围不断扩展,关于"被遗忘权"的学术探讨正在持续深化,同时人格权、隐私权以及个人信息自决权的理论也在逐步兴起,对"被遗忘权"的权利属性问题有了更深入的认识,隐私权理论已经无法为复杂的个人信息保护问题提供坚实的理论基础。从实质性角度来讲,被遗忘权的核心是个人尊严的保护和个人信息自我决定的权利,该权利的引入也是在大数据背景下,让自身"不当的、不相关的、过时的"公开信息回归隐私领域的主要方式。① 因此,本书的目的之一就是界定被遗忘权的概念、权属和性质问题,明确被遗忘权的基本范畴。

第二,各个国家被遗忘权的发展受到各自文化传统和价值观的深刻影响,这种影响造成了不同国家在立法对待被遗忘权方面的差异。目前,全球范围内盛行的被遗忘权法律体系主要分为欧盟模式和美国模式。重视人格尊严维护的欧盟国家,它们看重的是个人信息的自我决定和对个人尊严的影响。而将自由作为立法核心价值的美国,更加重视言论自由的表达。不同的立法价值导致了在被遗忘权和其他权益冲突问题上的激烈探讨。但是,研究表明,被遗忘权本身并不具有价值偏好,反而是一种利益权衡规则、一个中立的冲突解决方案。② 所以,本书的目的之二就是论证被遗忘

---

① 张文建,等. 被遗忘权的法教义学钩沉 [M]. 北京:商务印书馆,2020:19.
② 董良,李怡娴. 中国失信被执行人"被遗忘权"的法律保护探析 [J]. Dong-A Journal of International Business Transactions Law,2022 (37):174.

权的法定化价值，以及法定化过程中和其他权利冲突的解决机制。

第三，随着网络产业的迅速扩张，用户信息的重要性日益凸显。在网络环境下，由于技术原因和信息不对称的问题，用户往往处于相对劣势的地位。被遗忘权作为一种个人信息安全保障的机制，在网络时代为个人信息安全环境创造了重要的保护条件。中国 2021 年颁布并施行了《个人信息保护法》，该法第 47 条在制度层面确立了个人信息删除权，为解决大数据时代数字记忆与个人信息之间的冲突提供了重要路径。在该法制定过程中，有关学者研究过与删除权密切相关的被遗忘权，并且就被遗忘权与删除权的关系进行过讨论，已有研究成果表明，被遗忘权的价值特征可以弥补删除权之不足。本书的主要目标是深入探讨删除权与被遗忘权之间的界限，以便在确保删除权得到妥善实施的基础上，逐步引入受到一定限制的被遗忘权。通过细致地界定两者之间的区别，我们将更好地理解各自的权利内涵和适用范围，从而为制定相关法律法规提供重要的理论支持，以期为强化个人信息保护提供有效的完善建议，这也是本书探究被遗忘权法律保护的目的所在。

（二）研究意义

1. 理论意义

被遗忘权现在并非中国的法定权利，完全照搬他国的立法内容可能会出现"水土不服"的情况。另外，对于被遗忘权的研究在学术界存在许多的争议和分歧，例如权利属性不清晰，保护渠道不深入，主体范围不清晰，以及与其他权利的冲突等。所以，为了以被遗忘权为依托进一步对个人信息进行有效保护，就必须有效解决上述的理论问题。权利属性不同，保护的法律权益也不一样。被遗忘权，不仅与个人信息自主、个人尊严的保护紧密相关，同时与公共利益、言论自由、公众知情等其他权利息息相关。明确这一权利的属性和具体内涵，不仅有助于确立其在法律体系中的地位，还可以对其法律价值取向加以确定。考虑到当前网络环境的快速发展，深入研究被遗忘权的保护途径显得尤为重要。这不仅有助于在个人信息受到损害时，权利主体能够采取有效的科学方法来解决问题，还能够清晰地界定被遗忘权的适用范围。因此，深入分析被遗忘权的起源、定义、所有权属以及法定化的论证，对于理论研究具有极其重要的意义。

2. 实践意义

被遗忘权在中国尚属于一项新兴权利，欧美等发达国家对于被遗忘权的立法和司法实践已经表明被遗忘权具有可规制的必要性和可行性。反观中国，早在 2015 年便出现了中国被遗忘权第一案——"任某某诉某知名搜索引擎公司"案，最终法院以没有明确的法律规定为由驳回了原告的诉讼请求。案件原告虽然败诉，但可以看出，中国公民对于迫切规范被遗忘权的期望越来越高，对于人格利益的保护也越来越重视。中国"被遗忘权"的法律保护尚处缺位状态，但是随着加强个人数据保护的国际化趋势，对于该权利的现实需求越来越大，可预见的此类案件也会逐渐增多。① 因此，"被遗忘权"的概念不能仅仅停留在理论层面，还要以其为权利内容作出立法规制。本书期望通过《民法典》《个人信息保护法》双元立法模式对"被遗忘权"加以立法保护。这对于填补立法、回应现实法律需求、解决司法实践问题均有重大的现实意义。

三、研究方法

（一）文献研究方法

本书的开展依赖于对专著、期刊文章、学术论文以及其他相关文献资料的搜集、整理与深入分析，目的是探讨"被遗忘权"在网络时代背景下的法律保护问题。伴随着欧盟"冈萨雷斯诉 Google 案"和中国"被遗忘权第一案"的出现，加之《一般数据保护条例》的施行，以及我国在网络信息领域的加速立法，近年来，"被遗忘权"开始引起学术界的广泛关注，相关文献资料亦日益丰富。本书在综合国内外研究成果的基础上，拓展了

---

① 王朝阳. 互联网环境下被遗忘权的法律保护研究［D］. 石家庄：河北经贸大学，2022：2.

研究视野，并提出了关于"被遗忘权"法律保护的观点以及权利结构完善的建议。因此，在撰写本书的过程中，文献研究方法发挥了至关重要的作用。

（二）比较研究方法

在国际范围内，不同国家和地区在"被遗忘权"的法律保护方面展现出不同的立场，尤其在欧盟和美国之间，这种差异尤为突出。各个国家根据自身的利益考量、文化传统等因素来制定法律和进行司法实践，这为我国在"被遗忘权"的法律保护方面提供了宝贵的借鉴和启示。特别是以研究"被遗忘权"法律保护为切入点，从国际比较法的角度出发，深入探讨欧美等发达国家在个人信息保护制度方面的经验，对于我国个人信息保护的发展具有深远的意义。

（三）案例研究方法

本书收集了多起涉及"被遗忘权"的诉讼案例，并通过对其进行系统的整理和细致的分析，揭示了欧盟、美国、俄罗斯等国家和地区在实施"被遗忘权"法律保护过程中所进行的利益权衡。同时，以我国首个"被遗忘权"案例为起点，探讨了我国目前对这一权利法律保护的现状。本书的目的在于借鉴其他国家和地区在相关司法实践中的经验，以期为我国"被遗忘权"法律保护的未来发展提供指导方向。

四、研究范围

本书致力于从三个主要维度对被遗忘权进行详细的分析：其一，从本体论的角度出发，本书将对被遗忘权的概念本质、法律性质、具体内容及其结构组成进行深入分析，旨在阐明被遗忘权究竟是什么这一根本性问题；其二，从价值论的视角出发，本书将对被遗忘权在法定化过程中遭遇的权利冲突难题以及其合法性论证进行探讨，以解答为何需要将被遗忘权纳入法律体系这一价值性问题；其三，从实践论的层面，针对目前中国被遗忘权的立法状况和争议，通过与国外立法的比较分析，为中国被遗忘权的建立提供合理的路径选择。这一维度的研究旨在解决如何有效保障被遗忘权这一实践性问题。

除绪论外，本书的主体内容将以五章的篇幅来对被遗忘权进行上述三个层面的分析和研究：

第一章：被遗忘权的理论基础。这部分旨在澄清被遗忘权的概念，从而为后文的分析奠定概念基础。首先，将被遗忘权的概念之争归结为三种学说，即"人格权说""隐私权说"和"个人信息自主说"。其次，对被遗忘权的法律属性进行详细探讨，以便明确指出该权利同时具备人格权、请求权、相对权和基本人权的多重性质。再次，本书将重新审视被遗忘权在人格权体系中的定位，进而阐述该权利作为人格权和个人信息权的一个分支，是一种独立于隐私权的新兴法律权益。

第二章：中国被遗忘权的法定化论证。这部分首先从具象层次来梳理了被遗忘权保护在中国的立法基础，并对被遗忘权的权利架构进行详细分析，以便于厘清被遗忘权的内在逻辑构成及运行机理。另外，本书对权利间的潜在冲突进行了细致的分析，揭露了被遗忘权与言论自由及公众知情权之间的紧张关系。本书建议引入"比例原则"①来缓解这些冲突，进而论证这些权益的冲突并不构成否定被遗忘权的充分理由。

其次，从抽象层次对被遗忘权保护的必要性、正当性、合理性三方面进行逻辑论证。第一，立足中国现有立法现状，在对反对设立被遗忘权的几种观点进行总结的基础上，逐一进行了详尽的辩驳，以此来说明立法上确立被遗忘权的必要性。第二，从正当性角度，借助相关的法学理论与实证研究成果，证实被遗忘权在维护人性尊严方面具有重要的立法意义。第三，从合理性出发，对被遗忘权与信息自主权之间的关联进行深入探讨，证实被遗忘权的存在对于维护信息自主权具有积极作用，从而得出法律应

---

① 比例原则发源于德国的公法领域，是评价公权力正当性的重要原则，旨在将国家的公权力限制在适度且必要的限度之内。比例原则的"三阶说"包含目的的正当性、手段的必要性、利益的均衡性。

当对被遗忘权提供保护的结论。

第三章：域外国家和地区被遗忘权的立法保护。第三章从比较法的视角，探讨了其他国家和地区在保护被遗忘权方面的成功做法。首先，本章将详细分析《95指令》和《通用数据保护条例》等文件，深入研究欧盟在立法保护被遗忘权方面的经验。接着，本章将对《儿童在线隐私保护法》和加州的"第568号法案"等法律的核心内容及其执行效果进行系统梳理，全面归纳美国在类似权利保护领域的立法成就。此外，本章还将深入比较欧盟与美国的立法经验，反思各自的优点和局限性。最终，本章将扩展到其他国家和地区，分析他们在保护被遗忘权方面的做法，为理解全球范围内被遗忘权保护的发展趋势提供有力的参考。

第四章：中国被遗忘权的本土化立法问题。首先，对中国保护被遗忘权的立法与司法现状进行了分析，通过对个人信息相关法律的立法历程的梳理，来说明中国法律中已经存在关于被遗忘权保护内容的关联条款；并对中国被遗忘权第一案进行了案例介绍，进而详细阐释了现行法律体系在保护被遗忘权方面的不足之处，并强调了将被遗忘权纳入法律体系以便更好实现的紧迫性。其次，从国际比较法的视角，对欧盟"被遗忘权"与中国现有"删除权"内容作异同分析，找出中国现有"删除权"与欧盟"被遗忘权"之间存在的人权保护和个人信息传播规制之间的差距。从而回答在"删除权"确立的前提下，是否还有必要确立"被遗忘权"的立法争议以及共融的必要。最后，客观分析了在中国个人信息保护立法落后的现实情况下，暂缓被遗忘权立法的现实困境。

第五章：中国被遗忘权保护的制度改善方案。第五章旨在为被遗忘权的本土化提供可行的现实方案。在借鉴域外先进经验的基础上，立足中国的实际国情，为中国被遗忘权制度的构建提供可行的最佳方案。其次，对保护被遗忘权的辅助性实施机制进行分析，从而为被遗忘权制度的具体实施提出建议。

经过上述五章的分析，得出本书的研究结论。本书的基本观点是，面对互联网的无限搜索和记忆的功能，[①] 保护公民的被遗忘权具有必要性、正当性、合理性。被遗忘权针对的主要是已经公开的个人信息，特别是已经合法公开的信息，其旨在使已经公开的个人信息重新回到隐私领域。被遗忘权重新赋予人以神秘性，有利于维护人性尊严和信息自主。用权益冲突来作为否定被遗忘权的理由过于武断，不具有足够的说服力。通过比例原则的合理引入，完全可以平衡和解决好权益的冲突。中国不仅应当在专门的个人信息保护法中明确规定被遗忘权，而且应当在《民法典》中以一般法的方式加以兜底保护，还可以通过司法解释的形式来细致规定保护被遗忘权的具体举措。

---

① Viviane Reding. The EU Data Protection Reform 2012: Making Europe the Standard Setter for Modern Data Protection Rules in the Digital Age [J]. Innovation Conference Digital, Life, Design, Munich, Jan. 22, 2012.

第一章　被遗忘权的理论基础

第一节　被遗忘权的概念

2018 年 5 月 25 日，欧盟制定的《通用数据保护条例》（GDPR）正式生效。根据 GDPR 第 17 条的规定，明确赋予了个人"删除权"（又称"被遗忘权"），即"right to erasure（right to be forgotten）"。这一条款正式确立了"被遗忘权"在欧洲立法中的地位。相较于 2012 年草案版的 GDPR 中规定的"被遗忘和删除权"以及 2014 年草案修订版中的"删除权"（"right to be erasure"），正式出台的 GDPR 第 17 条最终将其改为"删除权"（"被遗忘权"）即"right to erasure"（"right to be forgotten"），在 GDPR 中，删除权与被遗忘权是等同的概念，这一点可以从 GDPR 在规定删除权时使用括弧注明"被遗忘权"得以体现。然而，在欧洲，被遗忘权的含义并非始终如一，这导致了学术界对删除权与被遗忘权关系的热烈争论。针对这个问题，我们需要对相关的术语和概念进行详尽的解析，以便明确两者之间的关联。①

一、被遗忘权的含义

在我国《个人信息保护法》的制定过程中，对于删除权与被遗忘权关

---

① 刘学涛，李月 . 大数据时代被遗忘权本土化的考量——兼以与个人信息删除权的比较为视角 [J] . 科技与法律，2020（2）：81.

系的议题，学者们展开了深入的探讨，然而不同的观点之间存在着较大的差异。这些多元化的观点为《个人信息保护法》的制定提供了积极的理论支撑。尽管《个人信息保护法》已正式实施，但对于删除权与被遗忘权的既有关系，仍需进行明确的区分。这种区分不仅有助于正确运用和保护删除权，同时也有助于为被遗忘权的增设奠定基础。

（一）等同说

持等同说的学者们主张，删除权与被遗忘权在含义和范围上几乎是完全一致的。这是因为，当个人信息"被遗忘"时，其实际效果是在相关环境中让人们或机构平台对该信息予以遗忘，这正是行使相关权利所期望达到的目的。另一方面，个人信息的"删除"则是实现"被遗忘"的一种手段，它涉及在网络或平台上对相关信息进行物理删除。[①]因此，可以看出，删除权与被遗忘权在含义和目的上是相互呼应的。[②]另外一些学者指出，在大数据时代，被遗忘权的建立基础是数据删除，这表明被遗忘权与数据删除权在含义上是相同的，实质上都体现了个人对其数据的掌控权。在信息时代，数据的价值日益凸显，而个人数据的掌控权则成为个体权益的重要方面。[③]持有这种观点的学者们通过对被遗忘权制度的渊源进行深入剖析，为这一立场提供了依据。他们详细回顾了欧盟《通用数据保护条例》（GDPR）的制定过程，发现被遗忘权与删除权之间的差别正逐渐被有意模糊。在法律用词上，欧盟采用"删除权"来替代"被遗忘权"，并为了解决概念连贯性问题，紧接着将"被遗忘权"放在引号中。这种表述方式类似于权利的别名，其法定概念实质上就是删除权。[④]因此，两者被视为同一概念。[⑤]

---

① 刘文杰.被遗忘权：传统元素、新语境与利益衡量[J].法学研究，2018（2）：29.
② 郑志峰.网络社会的被遗忘权研究[J].法商研究，2015（6）：51.
③ 段卫利.论被遗忘权的法律保护——兼谈被遗忘权在人格权谱系中的地位[J].学习与探索，2016（4），75.
④ 万方.终将被遗忘的权利——我国引入被遗忘权的思考[J].法学评论，2016（6）：155.
⑤ 刘学涛，李月.大数据时代被遗忘权本土化的考量——兼以个人信息删除权的比较为视角[J].科技与法律，2020（2）：80.

(二) 非等同说

对于非等同说，有学者主张删除权与被遗忘权存在本质差别，二者均为独立的权利。[①] 2017 年，我国《个人信息保护法（草案）》第二章"个人信息权"的第 18 条和第 19 条，分别规定了删除权和被遗忘权。部分学者从删除权与被遗忘权的权利内容出发，阐述了二者之间的重大差异，主要涉及权利主体、行使对象和适用条件等方面。[②] 被遗忘权的核心特征在于，个人信息的收集和利用在初始阶段是合法的，具有目的正当性，而后续的删除行为则是基于信息不再相关、过时或不符合信息处理目的，丧失正当性基础。被遗忘权的出现旨在维护人格尊严和自由。相较之下，删除权主要应用于大数据时代初期，针对违反法律法规的个人信息问题，旨在确保个人信息的使用符合双方约定或法律法规要求。[③] 因此，持异同说的学者认为，被遗忘权与删除权在权利主体、行使对象和适用条件等方面存在重大差异，二者分别侧重于维护不同目标，具有独立的权益属性。因此，将被遗忘权与删除权等同看待或视为子权利的观点并不准确。[④] 特别是随着科技进步，删除权在应对信息流动性强、共享性高和可复制性特点方面显得愈发局限。一旦信息被上传至网络，彻底删除其痕迹几乎成为不可能完成的任务。[⑤] 从这一现实因素来看，被遗忘权的本质可以概括为现代互联网浪潮下，信息主体阻止自身负面信息进一步传播的权利。

(三) 包含说

持有包含说观点的学者们主张，删除权与被遗忘权之间存在一种隶属关系。在"包含说"的理论框架下，关于是删除权包含被遗忘权，还是被

[①] 薛丽. GDPR 生效背景下我国被遗忘权确立研究 [J]. 法学论坛，2019（2）：102.

[②] 刘学涛，李月. 大数据时代被遗忘权本土化的考量——兼以与个人信息删除权的比较为视角 [J]. 科技与法律，2020（2）：80－81.

[③] 薛丽. GDPR 生效背景下我国被遗忘权确立研究 [J]. 法学论坛，2019（2）：101－110.

[④] 刘学涛，李月. 大数据时代被遗忘权本土化的考量——兼以与个人信息删除权的比较为视角 [J]. 科技与法律，2020（2）：81.

[⑤] 郭如愿. 大数据时代《民法典》人格权编对个人信息的定位与保护 [J]. 人民论坛，2020（9）：108－109.

遗忘权包含删除权，形成了两种不同的看法。第一种看法认为，被遗忘权是删除权的一部分，在特定的法定情形下，被遗忘权表现为删除权的特殊形态。一些学者从语义学的角度进行解读，他们认为狭义的删除权主要针对那些没有法律依据的信息，其目标是消除非法收集和处理的现象。这种删除权主要针对被动收集的信息或主动发布但尚未转发的信息。相对而言，被遗忘权涉及的信息是在合法前提下收集、使用、处理和传输的过时、不相关、有害或错误的信息。这类信息既包括主动发布但被他人转发的内容，也包括来自第三方来源的信息。[①]第二种观点则持有不同的看法，他们主张删除权应被视为被遗忘权的一个子集。这一观点着重强调，行使删除权的目的是为了实现被遗忘权，即通过删除相关信息，使其在相关环境中彻底消失。删除权具有"一对一"的特性，即当数据控制者违法或违约收集和使用信息时，信息主体有权要求删除这些信息。相比之下，被遗忘权则展现出"一对多"的特点，它不仅涵盖了传统删除权的权利要求，还扩展到要求数据控制者对已扩散的个人信息采取必要的消除措施。[②]

二、"被遗忘权"概念的界定

各学说从不同视角深入探讨了删除权与被遗忘权之间的内在联系。就现有的立法而言，欧盟 GDPR 在删除权与被遗忘权之间建立起密切联系，客观上形成了一种错综复杂、相互交织的关系。尽管欧盟在立法中采用了括号内外的方式来对删除权与被遗忘权进行规定，这表面上似乎将二者视为等效的概念，但实质上，欧盟的 GDPR 第 17 条包含了两个不同的部分：第 17 条第 1 款要求数据控制者在信息主体撤回同意或没有合法依据的情况下删除个人数据，这一要求实质上仍然根植于传统的个人信息保护中的删除权；第 17 条第 2 款则针对已经公开传播的信息，规定了在特定

① 蔡培如. 被遗忘权制度的反思与再建构 [J]. 清华法学，2019（5）：174.
② 吕忠梅. 民法典规定了"被遗忘权"吗 [EB/OL].（2021-02-23）[2022-04-07]. https://baijiahao. baidu. com/s? id＝1692466493839383702＆wfr＝spider＆for＝pc.

条件下可以进行删除，这一点体现了被遗忘权的核心思想，即防止信息进一步传播的权利。在大数据时代，欧盟的"被遗忘权"使得数据删除的标准从过去单纯强调"数据客观上是否准确、及时、完整、合法"，逐渐转向同时关注信息主体主观上是否仍然希望其个人信息在网络传播或留存。这一转变进一步强化了个人信息权，并推动了相关法律制度的发展。因此，可以说欧盟的被遗忘权可以视为被遗忘权（droital'oubli）理念与"删除权"（the right to erasure）的融合。①

基于前述分析，被遗忘权的范畴不仅囊括了信息主体对数据控制者的权利主张——主要是请求删除涉及自身的个人信息，更进一步地，它也涵盖了信息主体针对任何已知第三方的权益，也就是要求这些第三方删除所有相关信息的副本和链接。这种权益为信息主体在网络环境中的个人数据提供了坚实的防护罩。鉴于此，本书赞同杨立新教授的观点，他明确指出："被遗忘权赋予了信息主体一项权利，即要求数据控制者删除网络上已公开的、涉及自身的不恰当或过时的信息。因为，一旦这些信息持续存在，可能会对信息主体的社会评价造成不利的影响。"②

第二节　被遗忘权的特征

一、被遗忘权是请求权

在权利主体实施被遗忘权时，他们可以选择两种不同的方式："自主删除"和"要求他人删除"。这两种方式在操作和法律后果上有明显的区别。"自主删除"意味着数据主体有权自行删除他们在网络上发布的信息。

---

① 刘洪华. 被遗忘权立法的美国模式及其立法启示——以加州被遗忘权立法为研究背景 [J]. 时代法学，2022，20（1）：100.

② 卢冰洋. 欧盟《通用数据保护条例》中被遗忘权制度研究 [D]. 上海：上海师范大学，2020：10.

这种方式强调数据主体对自身信息的直接控制和操作。通过自主删除，数据主体可以主动、直接地删除与自身相关的信息，减轻或消除因信息存在而可能带来的负面影响。相对而言，"要求他人删除"是指数据主体有权要求数据控制者删除与自己相关的个人信息，包括他人的转载和发布。这种方式突显了数据主体对信息控制的间接作用，即他们不能直接删除信息，但有权要求他人履行删除义务。因此，有必要对被遗忘权的"自主删除"和"要求他人删除"两种方式进行单独讨论，分析它们分别与请求权的关系。(参考图1-1)

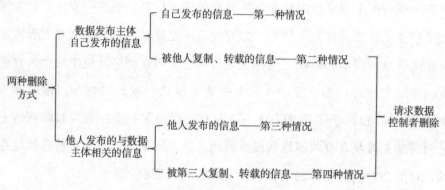

图1-1 行使被遗忘权的两种删除方式

其一，自主删除信息的权利属于一种自由权，而非请求权。例如，微信用户只需利用在线服务设置中的功能，就可以自行删除在朋友圈发布的信息，无须依据法律关系请求其他主体为或不为特定行为。在这种情况下，数据主体行使自主删除权的过程相对简单，只需按照相关平台或服务提供商的操作指南，即可实现个人信息的删除。这种权利使数据主体能够自主控制和处理其发布的个人信息，体现了个人信息保护的基本原则之一——自主决定原则。其二，要求他人删除信息的权利表现为一种请求权。由于数据主体不能直接操控他人转载或公开的个人信息，因此需依赖网络服务运营商的协作以实现被遗忘权。在此情境下，当数据主体请求数据控制者删除或遮蔽已在网络上公开的、不恰当、不相关、过时或不再相关的个人信息时，这便属于请求权的范围。例如，当用户要求网站删除由他人发布的诽谤性言论时，他们需要向网络平台提交申请。实际上，无论是"自主删除"还是"要求他人删除"，它们的实施基石都是信息控制者有义务协助信息主体删除其个人信息。这种义务凸显了网络服务提供商在保障个人信息方面的角色与职责。①

可知，被遗忘权的核心要义在于，权利主体有权要求信息控制者删除其个人信息，这构成了被遗忘权的请求权基础。②

二、被遗忘权是相对权

在数据保护立法中，各国都明确了数据主体请求删除个人信息的例外情况。例如，欧盟的 GDPR 规定了五种数据控制者可以不履行删除义务的豁免情形，具体包括基于言论自由、公众利益保护、公共健康集体利益、历史统计或科学研究，以及制定、运用或者抗辩而作出的法律主张。根据美国加州的"第 568 号法案"的第 22581 节规定，运营商或第三方在下列情况下没有义务清除或移除未成年人的个人信息：当相关法规为联邦法案或州法案时，用户信息已进行匿名化处理，或者用户已经获得了补偿。由此可见，被遗忘权并非一项绝对权，而是一项相对权，其在表达自由、公众知情权或公众利益等方面的优先级仍有待商榷。③首先，过度强调信息自主可能会对言论自由造成侵害。言论自由与被遗忘权之间存在一定的冲突。我们应该以人性尊严不受侵犯为原则，尊重信息自主，但这并不意味着信息自主和被遗忘权可以绝对优先于言论自由。言论自由是互联网发展的基石，因此我们应该协调信息自主与言论自由之间的利益平衡，确保数据信息的自由流转。其次，被遗忘权不应侵犯公众知情权。信息的自主流转是保障言论自由和公众知情权的关键。1946 年，联合国大会将"信息的自由流通"定位为基本人权之一，并视"知情的权利"为人类固

① 吴姗姗. 刑事被遗忘权基础理论及制度构建研究 [D]. 南京：南京大学，2020：32—34.
② 于靓. 论被遗忘的法律保护 [D]. 吉林：吉林大学，2018：20.
③ 吴姗姗. 刑事被遗忘权基础理论及制度构建研究 [D]. 南京：南京大学，2020：34.

有的基本权利。此外，公众获取信息的能力在欧盟的基本权利宪章中被明确界定为一项基本权利，并且具有宪法效力。再者，某些个人信息的收集、储存或处理是正常社会生活的必备条件，有利于公众利益的实现。例如，公司企业收集客户的购买记录、购买偏好，以便给商品做出更加明确的定位，有针对性地制作营销信息，说服用户购买。这样针对性营销会减少运营成本，支付价格上给消费者更多实惠。这些信息对于企业的运营至关重要，也是公众知情权的体现。因此，在保护个人信息的同时，我们也需要充分考虑这些信息的价值和作用。[①]

可知，被遗忘权并非是一项绝对的权利，适用中存在例外情形。[②]

第三节　被遗忘权的性质及权能

在学术界，广泛的观点认为，被遗忘权的理论基础主要涵盖两个层面：一是大陆法系国家的一般人格权基础，这包括人格自由以及信息自决权；二是具体人格权中的隐私权基础。虽然关于被遗忘权与隐私权、个人信息权之间的关系存在争议，但在中国，大多数学者认为被遗忘权具有显著的人格利益属性，既属于人格权，同时也属于个人信息权。[③]

一、被遗忘权属于人格权

关于被遗忘权的性质归属，究竟应归类为人格权还是财产权，确实是一个值得深入研究的议题。在传统法学理论的框架下，我们通常采用人格权与财产权的二分法来进行权利的分类。从被遗忘权的客体来看，它涉及

---

① Stephen J. Astringer. "The Endless Bummer: California's Latest Attempt to Protect Children Online Is Far Out (side) Effective" [J]. 29 Notre Dame Journal of Law, Ethics & Public Policy, 2015: 272.

② 于靓. 论被遗忘权的法律保护 [D]. 长春: 吉林大学, 2018: 21.

③ 仲旻晞. 被遗忘权法律性质之辨析 [J]. 濮阳职业技术学院学报, 2020, 33 (3): 44.

的是特定的个人信息。这些信息不仅具有人格属性，表现出个人的身份和特征，同时也蕴含了一定的财产属性。值得注意的是，这些信息的财产属性主要体现在其具备一定的价值，正因为如此，才会在网络环境中被储存和利用。

有学者主张，被遗忘权应纳入财产权的领域。他们的理由是，个人信息已经转化为一种可交易、具有流通价值的商品。确实，我们能看到众多的个人信息展示出财产特质，诸如商业秘密和各种数据库等。信息主体对其个人信息拥有所有权，并受到侵权责任法的保护。这种看法得到了一些法学专家的支持，他们提出了"个人信息财产化"的观点，认为个人信息应被视为财产权的客体。①然而，这一观点也遭到了某些学者的质疑。他们指出，财产权主要涵盖债权和物权，而将被遗忘权归入其中任何一个类别都显得不太合适。此外，财产权被视为一种绝对权利。如果按照这种观点将个人信息权定性为财产权，那么我们就难以解释为何在某些情况下对个体信息的删除会限制他人的言论自由。②因此，关于被遗忘权的属性归属问题，学界仍存在争议。

本书支持后者，赞同被遗忘权不能被归入财产权范畴，原因分析如下：

首先，相较于人身权，财产权的核心在于权利人的财产性利益，旨在使权利人享有财产带来的利益。然而，涉及被遗忘权的对象包含了具备识别特性的个人数据，这些数据反映了权利拥有者的人格属性。实施被遗忘权的过程包括删除或隐匿已公开、不再相关、过时的个人信息，这一过程难以直接为信息主体带来财产性利益。其次，财产权有其独特的属性，如可转让性和可继承性。但被遗忘权则表现为一种专有权，只有权利人才能

---

① Arthur R. Miller. Personal Privacy in the Computer Age: The Challenge of New Technology in an Information Oriented Society [J]. Mich. L. Rev. -Hein Online，1968：35—40.

② 邵国松．"被遗忘的权利"：个人信息保护的新问题及对策 [J]. 南京社会科学，2013（2）：105.

享有，它既不可转让也不可继承。此外，尽管个人信息在某些方面确实呈现出财产特性，但其作为财产权的价值参照并不明确。这意味着，当这种权利受到侵犯时，我们很难根据某种财产价值来为其计算出一个具体的损害赔偿数额。每个人的信息价值因其职业、收入和社会地位的不同而有很大的差异，这使得个人信息无法像财产那样拥有一个统一、明确的价值衡量标准。[①]被遗忘权与个人尊严密切相关，个人信息作为被遗忘权的载体，具有显著的人格属性。因此，根据以上分析，被遗忘权不属于财产权。

个人信息承载了信息主体的人格利益，包括但不限于姓名、肖像、隐私、人格自由、人格尊严和人格平等。正是由于个人信息中蕴含着人格利益，才使得它在当今社会有必要受到法律的严格保护。[②]相应地，个人信息作为被遗忘权的载体，应具有辨识性，也就是说，这些信息需要能够展现出相关权利持有者的人格特点。这些信息可以直接指向权利主体，或者通过与其他信息的关联间接指向权利主体，因此具备删除的合理性。被遗忘权的主要特性在于其与人格紧密相连，这为其归类为人格权提供了有力的依据。[③]

综上，被遗忘权应属于人格权。

二、被遗忘权属于个人信息权益

在我国学术界，已经达成了关于被遗忘权作为个人信息权益一部分的共识。然而，对于被遗忘权的性质和归属，不同的学者和司法体系可能会有不同的理解和诠释。在美国的法律框架内，隐私权被赋予了广泛的定义，其中囊括了个人名誉权、妇女堕胎权以及个人信息权的保护等诸多方面。这种宽泛的隐私权观念实际上已经承担了一般人格权的角色。[④]相较

---

① 王泽鉴. 人格权法：法释义学、比较法、案例研究 [J]. 北京：北京大学出版社，2013：46.

② 张建文，等. 被遗忘权的法教义学钩沉 [M]. 北京：商务印书馆，2020：94.

③ 张建文，等. 被遗忘权的法教义学钩沉 [M]. 北京：商务印书馆，2020：83.

④ 仲旻晞. 被遗忘权法律性质之辨析 [J]. 濮阳职业技术学院学报，2020，33（3）：45.

之下，中国的法律体系则将隐私权视为一种特定的人格权，主要关注生活安宁和私人秘密的保护。这种法律观念上的不同导致在现行的中国法律体系中，将被遗忘权看作是个人隐私权的扩展并不完全符合法律的逻辑推理。①从理论上来说，被遗忘权和隐私权之间确实存在着紧密的联系，甚至在某些方面有所重叠。然而，将这两者完全等同起来或者简化为同一种权利是不精确的。个人信息权和隐私权都与个人的私生活紧密相连，并在权利的内容上体现了个人对其私生活信息的掌控权，但这两者之间依然呈现出一些显著的区别。②

被遗忘权和隐私权之间的区别主要体现在以下三个方面：第一，客体差异。隐私权主要关注那些未公开的、具有私密性的信息。当这些信息进入公众视野，就不再受到隐私权的庇护。与此不同，被遗忘权的客体主要集中在已经在网络上公开的、可能对信息主体带来负面社会评价的个人信息，如不当的、过时的信息等。这些信息的显著特点是已经为公众所知，且任何网络用户都能轻易查阅。第二，权能差异。隐私权通常呈现出一种被动防御的特性，仅在权利受到侵犯时，权利人才有权进行主张。相对地，被遗忘权则具有主动性，它赋予信息主体自主决策的权力，决定是否行使该权利以删除已在网络上公开的个人信息。第三，权利内容差异。就权利内容来说，隐私权的核心在于保护个人的生活秘密不被公开。相较之下，被遗忘权的重心在于对已公开的个人信息进行后续的补救，以确保信息主体不受不必要的伤害。第四，权利行使方式差异。被遗忘权主要表现为删除信息、断开链接等，这些方式可以视为对信息的收集、管理、处理等行为的具体体现。因此，在行使方式上，被遗忘权也可以被个人信息权所包含。最后，被遗忘权的创设旨在充分保障信息主体对其个人信息的信息自主权。从这个角度来看，被遗忘权可以被视为个人信息权的一个具体

---

① 仲旻晞. 被遗忘权法律性质之辨析 [J]. 濮阳职业技术学院学报，2020，33（3）：45.
② 王利明. 论个人信息权的法律保护——以个人信息权与隐私权的界分为中心 [J]. 现代法学，2013（4）：64.

表现形式，其应当归属于个人信息权的范畴。①

综上，被遗忘权应属于个人信息权益。②

三、被遗忘权的权利功能

个人信息保护的核心问题在于公民如何选择和决定对自己信息的利用与删除。从两个层面来探讨这个问题，首先，个人信息主体拥有积极权能，可以控制和支配信息发布，包括撤回或删除信息的权利。其次，个人信息主体还具备消极权能，即防止其他个体再次利用和传播其信息，以避免受到侵害。而被遗忘权则明确了这些权利的具体内容和实现方式，它是个人信息主体依据法律保护个人信息利益所能采取的手段，同时也是被遗忘权权利属性的具体表现。

（一）消极权能

在消极权能方面，公民行使个人信息被遗忘权，突显了他们在防御性权益方面的渴求。这包括避免个人信息的非法利用、侵扰和侵犯，这些权益与隐私权的基本权利特点相似。在繁复的社会环境和网络技术的快速发展下，公民个体的风险意识可能会有所不足，或是过于轻率，未经深思便将个人信息公之于众。个人信息属于私人的领域，是个人能够自由行动而不受他人阻碍的范围。消极权能体现在个人有权利撤回或删除已发布的信息，以及阻止其被使用和传播。这种权能主要针对义务的承担者，目的是避免来自国家或他人的侵犯，主张个人拥有独处和不受打扰的消极自由权。③

在互联网时代，这个权能具有至关重要的意义。在个人与政治国家共存的背景下，确保个人私密领域不受公权力的干扰是宪法基本权利的核心

---

① 胡洁. 论"被遗忘权"在我国立法的可行性研究 [J]. 实事求是，2019 (6)：97.
② 目前，中国《民法典》规定了"自然人的个人信息受法律保护"，但并未上升到"权利"的层次，故个人信息是中国法律所保护的一项权益。
③ 张里安，韩旭至. "被遗忘权"：大数据时代下的新问题 [J]. 河北法学，2017 (3)：35.

原则。公民对其私人信息享有不受侵扰的消极自由权，国家在行使权力时应当尊重并保护这一权利。这项权利赋予了公民一定的空间，使其能够免受国家的任意干预，这也正是宪法基本权利的主要目的。尽管在数字社会中，个人信息的绝对私密范围在逐渐缩小，但只要公民个体和政治实体继续存在，个人就应当拥有不受任何干扰的消极个人信息被遗忘权。因此，我们必须确立国家在面对个人信息被遗忘权时的权力行使边界和标准。[①]

个人信息被遗忘权的理论基础是个人的自治权，这一权利反映了在现代国家权力扩张和互联网技术进步的背景下，公民对个人信息自主决定权的追求。在此背景下，信息技术一方面巩固了公权力，另一方面则促使私权力（社会权力）的崛起。国家甚至通过立法方式赋予平台审查和监管职责，形成了公私并存的双重权力格局。[②]这种现象凸显了个人信息保护的重要性，并使得国家在平衡公私权力时需更加审慎。[③]因此，为了加强对公民个人信息的保护，需要充分利用个人信息被遗忘权的积极权能作为补充，以提高公民个人信息保护的水平、确保个人信息安全。

（二）积极权能

被遗忘权的积极权能表现为个人信息自我管理、自主控制和自我决策的能力。这些权能从权利主体的视角对完全不受侵犯的消极权能进行了有益的补充，确保个人信息在合理范围内得到充分保护和利用。具体包含以下三个方面：首先，权利主体对自己的个人信息的使用和状态拥有完全的主导和独占的权利，这意味着权利主体可以自主决定个人信息的用途、使用方式、使用范围以及是否愿意与他人共享个人信息等，这种支配和排他权利的行使，可以有效地保护个人信息的私密性和安全性，防止个人信息被滥用或侵犯；其次，当个人信息必须被收集、传播、利用时，权利主体

---

① 杜承铭. 论基本权利之国家义务：理论基础、结构形式与中国实践 [J]. 法学评论，2011
（2）：34.

② 马长山. 智慧社会背景下的"第四代人权"及其保障 [J]. 中国法学，2019（5）：14.

③ 同上。

应拥有完整的控制权，这意味着权利主体应当有权决定何时、何地、以何种方式以及向谁披露个人信息，同时有权对个人信息的收集、传播、利用过程进行监督和控制，这种全面控制的权利可以确保个人信息在合法、公正、合理的范围内被使用，防止个人信息被非法获取或不当利用；当个人信息被遗忘权受到侵害时，权利主体应拥有请求公共权力救助的权利，这意味着当个人信息被错误地或非法地收集、传播、利用时，权利主体可以向相关机构或部门提出申诉，并获得相应的救济和补偿，这种救济权利的行使，可以保障权利主体的合法权益，并对侵犯个人信息权利的行为进行惩处和纠正。

个人信息包含了信息主体的人格特征，覆盖了个人身份辨认和尊严维护等方面。为此，我们应确保个人对其信息享有自主决策权，从而保障信息隐私和安全性。此外，个人信息还具备财产特性，其开发和利用能创造财产价值。在当前信息社会，个人信息是个人在社会中的标识，也是社交互动和发展的纽带。因此，尽管个人需要透露某些信息，但他们应该对这些信息的安全性拥有自我掌控的权利。具体而言，个人有权知晓其信息被使用的目的，并有能力控制整个使用过程。在私人领域，个人信息自主权的核心在于个体是否能够进行自主活动和做出独立决策。网络被视为一种"公共场合"，个人信息被遗忘权的保障在于个体在这个公共领域中的独立决策权。这种独立决策权"赋予了权利人独占性、积极性和主动性的控制权和使用权"，使其在信息使用过程中能够发挥主导地位。①

鉴于现代社会中个体对国家及社会的依赖性，彻底的国家不干预是无法实现的。人们对个人信息的保护，实际上是在近乎透明的环境中寻求相对未被侵犯的权利。同时，个人信息被遗忘权的消极权能只是相对的。因此，从个人信息主体的视角出发，我们应重视个人信息的自主性，关注对自身信息的自我控制，以弥补消极权能的不足。我们应既承认现代社会中

---

① 任晓红. 数据隐私权［M］. 北京：人民法院出版社，2000：419.

个人在面对国家权力的干预和利用时拥有的消极自由权能，也应承认在个人信息受到政府干预或不得不主动披露时，个人在自我控制意义上的积极自由权能。

第四节 被遗忘权的源流

被遗忘权的概念最早可以追溯至法国，其初始含义是赋予那些曾经受到刑事处罚的罪犯在刑满释放后删除其犯罪记录或反对公开其犯罪及关押状况的权利，被称为"被忘却权"。[①]在实际操作中，这项权利主要针对的是有轻微犯罪记录的人以及青少年罪犯，使得他们的犯罪记录在系统中被"遗忘"，从而避免被公之于众，为他们提供了改过自新、重新融入社会的机会。随着时间的推移，公民对于被遗忘权的意识逐渐开始萌芽。[②]

随着时代的演进和媒体技术的迅速发展，被遗忘权逐渐从公民的权利意识转化为立法所保护的权利。在此阶段，大众传媒时代强调禁止电视和报纸公开公民过去的负面信息，以保护公民的人格尊严，使他们能够重新获得自由。20世纪80年代初，互联网技术逐渐在欧美等发达国家崭露头角。为了平衡个人数据自由流动中的个人隐私与自由这两种价值，欧盟开展了一系列立法活动。经济合作与发展组织（Organization for Economic Cooperation and Development，简称经合组织）在1980年颁布了《关于保护隐私与个人数据跨国界流动的准则》（简称《准则》）。这部法规对于个人数据的保护起到了重要的推动作用，也对个人隐私与个人数据流动的平衡设立了国际标准。[③]第13条中明确提出了"个人参与原则"。根据这

---

① Jeffrey Rosen. The Right to Be Forgotten [J]. 64Stan. L. Rev. Online，2012：88.
② 郑文明. 个人信息保护与数字被遗忘权 [J]. 新闻与传播研究，2014（5）：28.
③ 《关于保护隐私与个人数据跨国界流动的准则》全称为 Guidelines Governing the Protection of Protection of Privacy and Transborder Flow of Personal Data。

一原则，个人有权向数据控制者或其他方面查证是否存储着与其有关的信息，并享有删除、更正、完善或补充这些信息的权利。20 世纪 90 年代，欧洲议会与欧盟理事会联手制定并实施了《个人数据保护指令》（Directive 95/46/EC，简称"95 指令"）。①该指令授予信息主体消除或封锁数据信息的权利（erasure or blocking of data）。在第 12 条第 2 款中，明确规定了：一旦违反指令处理个人信息，特别是当信息不完整或存在错误时，信息主体有权进行修正、消除或断开相关联的信息。在"95 指令"中，关于"删除权"的规定相对简洁，并未详细列出具体的适用情形。因此，该条款的适用范围较为宽泛，涵盖了各种个人信息，无论其是否已经过时、是否已经公开或是否合法。这一"删除权"条款被视为欧盟《通用数据保护条例草案》中"被遗忘权"概念的起源。

在司法案例中，2014 年的"冈萨雷斯诉 Google 案"成为首个通过司法案例确立"被遗忘权"的案件。1998 年，冈萨雷斯因保险费用纠纷被迫拍卖房产，西班牙报纸《先锋报》发布了其保险费追偿公示和房产拍卖公告。这些信息后来被 Google 搜索引擎收录。多年后，冈萨雷斯发现 Google 上仍然可以搜索到这些信息，对其生活产生了负面影响。因此，他要求 Google 公司删除相关网络链接。最后，欧盟法院支持了冈萨雷斯对 Google 公司的诉讼，判决依据即为"95 指令"。②

2012 年，"GDPR 草案"在第 17 条中首次提出了"被遗忘权与删除权"（Right to Be Forgotten and Erasure）这一概念。与"95 指令"相比，"GDPR 草案"对适用和限制情况、免责事由以及具体执行方式等相关问题进行了详细阐述，使其具有更强的针对性和时代性。依据该规定，信息主体有权要求数据控制者永久性地删除与其相关的个人信息，实现互联网

---

① "DIRECTIVE 95/46/EC of the European Parliament and of the Council of 24 October 1995 on the Protection of Individuals with Regard to the Processing of Personal Data and on the Free Movement of Such Data", European Union, last modified February 14, 2017, http: //eur lex. europa. eu/legal content/EN/TXT/? uri=CELEX: 31995L0046 & qid=1515533004821.

② 王歌雅.《民法典·继承编》：制度补益与规范精进 [J]. 求是学刊, 2020 (1)：90－91.

上的永久遗忘，除非有合法理由保留相关信息。这一变革的目的是更好地保护公民的隐私权和个人信息，使其在网络环境中得到充分尊重，可以说是"95 指令"中所规定的删除权在当代社会环境中的延伸和发展。①

2016 年实施的《通用数据保护条例》（GDPR）第 17 条最终确定了"删除权（被遗忘权）"。该条款采用了独特的双重命名方式，但并未对被遗忘权和删除权给出明确的定义。②在欧洲联盟正式立法确立被遗忘权之后，日本③、俄罗斯④等国家也积极开展被遗忘权在本国的立法探索。这一现象表明，被遗忘权已经成为全球范围内关注和研究的焦点，各国致力于在保护公民隐私权和个人信息的同时，平衡数据自由流动的价值。

任某某诉某知名搜索引擎公司案是我国司法实践中首个涉及"被遗忘权"的案例。2015 年，任某某发现在该公司的搜索引擎中输入自己的姓名时，与曾就职的某教育公司相关词条一同出现，而该教育公司的商誉较差。任某某要求该公司删除与自己及该教育公司相关的词条，但未得到成功处理。因此，他以姓名权和被遗忘权被侵犯为由，向法院对该公司提起诉讼。然而，法院在判决中未支持原告的诉讼请求，原因是原告提出的理由不够充分，被遗忘权在我国法定权利体系中尚未得到明确的保障。这一案例表明，在我国通过司法途径请求删除不适当的个人信息以保护隐私权方面，存在法律空白，需要进一步完善。⑤在此背景下，探讨和完善被遗忘权相关立法及实践显得尤为重要。

自 2021 年 1 月 1 日中国《民法典》实施以来，关于被遗忘权的讨论持续在学术界和社会公众中引发关注。一些学者主张，在数字时代，被遗

---

① 在《通用数据保护条例草案》中，该权利原名称为 Right to Be Forgotten and Erasure。

② 在《通用数据保护条例》中，该权利名称为 Right to Erasure（'Right to Be Forgotten'）。

③ Haga Y. Right to be Forgotten：A New Privacy Rightin the Era of Internet ［M］. Corrales M, Mark F M, Forgo. N. New Technology, Big Data and the Law. Singapore：Spriner，2017：97－126.

④ 张建文. 俄罗斯被遗忘权立法的意图、架构与特点 ［J］. 求是学刊，2016：102.

⑤ 和丽军. 论我国继承权丧失制度的法律规制 ［J］. 云南警官学院学报，2020（2）：107－109.

忘权是保护个人信息安全最为理想的手段，它代表着一种"隐恕责任"，[①]即有责任保护个人隐私，避免因信息泄露而产生负面标签效应，并有助于个人的再社会化。[②]然而，也有学者对此持不同观点。他们认为，被遗忘权的概念在使用中仍然存在一定的混乱和潜在误导性，实际操作中可能面临诸多困难。[③]在本土化问题上，许多学者主张应当引入被遗忘权的概念，使其成为中国公民人格权的组成部分。然而，他们也强调不能盲目照搬国外的制度，需要在明确各种影响因素的基础上，制定出符合中国国情的被遗忘权制度。[④]在引入"被遗忘权"时应该结合实际情况走第三条道路，走双元立法模式，即将"被遗忘权"置于《民法典·人格权编》，并在《个人信息保护法》中加以保护。

综上，在大数据时代，被遗忘权主要以删除为主要实现方式；而在非大数据环境下，被遗忘权主要通过禁止或限制个人信息的收集和利用来实现，如个人信息保护法对高度敏感个人信息的规定。传统的隐私权观念已无法为复杂的个人信息保护问题提供充分的理论支持。因此，作为一种与隐私权相互独立的新兴权利，被遗忘权的产生具有正当性、合理性和必然性。通过创设被遗忘权，我们能够更有效地维护个人信息安全和人性尊严，以应对大数据时代网络领域隐私权保护不力的挑战。这一权利为现代社会中个人信息保护提供了有力保障，有利于实现个人信息权益与数据共享之间的平衡。

---

① 令倩，王晓培.尊严、言论与隐私：网络时代"被遗忘权"的多重维度［J］.新闻界，2019（7）：76.

② 陈晓曦.试论一种道德隐恕责任——从被遗忘权谈起［J］.华南理工大学学报（社会科学版），2019，21（3）：59—65.（"隐"源自儒家伦理精神，"恕"属于"仁之方"，而"讳"则是出于敬重目的的禁忌。三者可以凝练成"隐恕"概念。中国传统重视隐恕精神，即"人谁无过，过而能改，善莫大焉"）

③ 李硕，孔倩.利益衡量论下个人信息被遗忘权的规则构建——以环渤海地区《民法典》的解释适用为视角［J］.天津法学，2021（1）：46.

④ 刘学涛，张翱鹏.被遗忘权的制度缺失、发展困境与中国构建路径［J］.重庆邮电大学学报（社会科学版），2019，31（3）：45—56.

第二章　中国被遗忘权的法定化论证

被遗忘权彰显了个人信息自主的理念，对于维护人格尊严具有法定化价值。然而，被遗忘权并非绝对权利，在行使过程中需受到言论自由权和公众知情权的约束。因此，在制定被遗忘权相关立法时，可适用比例原则进行合理平衡。尽管我国尚未通过立法方式确立被遗忘权制度，但在民法、刑法及个人信息安全相关法律领域已有一定程度的讨论，为被遗忘权的法定化奠定了基础，具有一定立法可行性。实现被遗忘权的法定化，需确立权利结构，从权利主体、义务主体、权利内容、权利客体四个方面对被遗忘权进行全面解构，明确其基本范畴，以便在平衡各方利益的基础上，构建健全的被遗忘权法律体系。

第一节　被遗忘权的法定价值

一、被遗忘权保护的必要性

随着互联网和大数据技术的日新月异，个人信息的广泛传播与网络社会持久的记忆之间呈现出一种难以调和的矛盾冲突。虽然我国在立法领域已经构建了一套关于个人信息保护的法律体系，但在法律的实际执行过程中，仍然暴露出一些覆盖不到的地方和存在的缺陷。目前，我国关于被遗忘权的研究仍处在起步阶段，与欧盟、俄罗斯、日本等其他国家和地区相比，我国在这方面的立法进展显然滞后。从全球范围来看，将被遗忘权纳入立法体系已成为各国在完善个人信息保护法方面的共同趋势。由于互联网具有全球一体化的特性，因此我国个人信息保护法的完善不仅关系到本国，而且对其他国家和地区也将产生深远的影响。尤其是，如果我国在个人信息保护立法方面，特别是被遗忘权立法方面存在缺陷，将会在跨国保护个人信息数据方面面临巨大的挑战。因此，我国应加快个人信息保护立法的完善步伐，尤其是在被遗忘权方面，以适应全球化背景下网络社会的需求，确保我国信息主体的合法权益得到充分保障。

（一）互联网和大数据发展的必然要求

互联网和大数据技术的飞速发展，正在引领人类历史上的一次重大变革。传统的思维方式，即从因果关系的角度来分析大数据，通过精确的样本数据来预测整体情况，已经无法满足当今社会的需求。相反，我们现在更需要从相关关系的角度对复杂的大数据进行智能分析。这种变革在商业领域尤为明显，正在推动传统经济向数字经济的转变，使大数据成为企业最重要的资产之一。数据的资源化使得一切都可以被"量化"，包括文字、沟通和行为等都可以转化为数据。数据化的核心在于量化一切，这也是商业价值的体现。大数据就像一座无穷的宝藏，不断地为企业的发展提供着动力。同时，大数据也正在推动公共管理结构从封闭走向开放。近年来，线上法院①、线上执法②等案例的出现，都为这一趋势提供了有力的支持。

大数据已广泛渗透到我们生活的各个领域，对人类的思维方式、商业发展模式和社会管理结构产生了深远影响。然而，这种变革并非全然有益，同时也带来了一些局限和束缚，其中大数据安全问题，尤其是个人信息安全问题尤为突出。如何平衡信息传播与信息主体信息自由之间的关

---

① 中国国家互联网信息办公室．为什么全球第一家互联网法院诞生在中国？［EB/OL］．［2022-06-02］．http：//www.cac.gov.cn/2019-11/04/c_1574400776656841.htm.

② 最高人民法院．最高法首次联手芝麻信用共享被执行人信息［EB/OL］．［2022-06-02］．http：//www.court.gov.cn/zixun-xiangqing-16431.html.

系，成为当前亟待解决的问题。从政府角度来看，应当通过行政立法规定信息数据删除的时效性，对于公民而言，应通过立法赋予公民被遗忘权。因此，解决大数据安全问题变得尤为紧迫。[①]在全球化的背景下，大数据已跨越时间和地理的限制，对各国产生深远影响。目前，欧盟、德国、日本、俄罗斯、韩国等国家纷纷将被遗忘权法定化或部分法定化。而我国在被遗忘权方面的规定仅限于学界初步研究，这将对我国信息主体个人信息数据的跨国保护产生困扰。在深入研究国内外形势后，我们可以清楚地看到，确立被遗忘权在我国是绝对必要的。这不仅是对个人信息在网络和大数据背景下保护需求的回应，同时也是我国顺应网络和大数据发展趋势的必然选择。

（二）符合世界个人信息保护立法的趋势

在个人信息保护领域，欧盟位居全球前列。2012 年，欧盟首次提出了"被遗忘权"的概念，其核心在于将个人信息的控制权交还给权利主体，这一行动在全球范围内产生了深远的影响，各国纷纷加快了个人信息保护的立法进程。尽管被遗忘权与美国宪法第一修正案存在冲突，对待被遗忘权的引入相对谨慎的美国，在实际操作中也已经在一定程度上吸收了被遗忘权的概念，并在实践中开始应用这些原则和要求。在美国，近 30 个州制定了相关法律法规，允许删除犯罪与逮捕记录，甚至在判决有罪的情况下也允许删除犯罪记录，以消除犯罪记录对个人名誉的负面影响。美国虽然没有全面实现被遗忘权的法定化，但基于本国数据安全和战略、经济利益的考虑，先后与欧盟签订了《欧美安全港协议》[②]《欧美隐

---

① 维克托·迈尔－舍恩伯格. 删除：大数据取舍之道［M］. 袁杰，译. 杭州：浙江人民出版社，2013：136.

② 为实现欧美在数据传输方面对双方利益的充分保护，美国商务部和欧盟委员会达成了"根据 95/46/EC 指令关于安全港隐私原则充分保护及美国商务部提出的相关常见问题"的 2000/520/EC 号决定，即欧美安全港协议，旨在确保欧盟向美国的个人数据传输符合规定的充分性标准。欧美安全港协议包含安全港原则和一套常见问题. 这要求美国企业的数据处理行为如果涉及个人数据从欧盟向美国传输时，则必须要符合欧盟 95/46/EC 指令中对个人数据处理合法的一般原则。

私盾协议》①来实现对权利主体信息安全的保护。从全球范围来看，各国对被遗忘权的态度可以大致划分为三种：以英国、俄罗斯为代表的认同派，他们明确支持被遗忘权的理念，并在立法和实践中逐步实施；以法国和瑞士为代表的否定派，他们主要考虑到被遗忘权与言论自由等权利的冲突，对此持保留或反对态度；以日本为代表的观望派，他们虽然认识到被遗忘权的重要性，但在具体立法和实践上持谨慎态度，尚在进一步观察和研究中。从总体情况来看，支持被遗忘权或对其法定化持积极态度的国家仍占主流，这反映了全球个人信息保护意识的提升和对隐私权尊重的共识。

为了规范大数据时代个人信息处理与利用行为，2021年8月20日，《中华人民共和国个人信息保护法》（简称《个人信息保护法》）正式决议通过，并于2021年11月1日起施行。作为中国第一部针对个人信息保护的专门性立法，该法案的出台，标志着我国在个人信息保护领域从零散的法律法规向统一、专门的立法迈出了重要一步。作为互联网产业和数字经济发展最为迅速的国家之一，我国虽然在个人信息保护立法方面已取得初步进展，但在立法和司法实践中仍存在诸多不足，例如缺乏被遗忘权立法。为了顺应时代发展潮流，加强个人信息保护，我国应采取更为积极的措施来完善相关法律法规，并加大监管和执法力度，确保个人信息的合法、安全、有效。

（三）被遗忘权的缺位给司法适用带来了障碍

2015年，任某某诉知名搜索引擎公司侵权案成为中国被遗忘权领域的一起重要案例。在此案的审理过程中，被遗忘权问题成为争议的焦点。原

---

① 2015年10月06日，在 Maximillian Schrems v. Data Protection Commissioner 一案中，Schrems 先生就数据保护专员拒绝调查 Facebook 爱尔兰有限公司 "Facebook Ireland" 传输其用户的个人数据到美国并保存于美国的服务器上一事提出诉讼。欧洲法院判决宣布第2000/520/EC号欧美安全港协议无效。美国再次妥协退让，2016年7月12日，双方宣布批准《欧美隐私盾协议》。当个人数据从欧盟传输到美国时，该《欧美隐私盾协议》即作为遵守欧盟要求的有效法律机制，取代了《欧美安全港协议》，2016年8月1日开始接受认证。

告任某某主张其享有被遗忘权，要求被告公司删除与其相关的某些信息。然而，法院在审理此案时表示，根据我国现行法律，被遗忘权并未被明确规定为一种法定权利类型，因此在本案中无法支持原告的被遗忘权诉求。

法院强调，被遗忘权这一概念主要在国外法律和判例中得以体现，而在我国现行法律体系中并未有明确规定。这意味着，在当前法律框架下，被遗忘权尚不具备受法律保护的合理性和必要性。尽管如此，法院也认可了原告所主张的该公司引擎中搜索推荐关键字链接中涉及涉案工作经历的相关内容与其业界声誉受损之间存在关联，对涉案个人信息中所涉及的人格利益予以肯定。然而，法院在另一方面认为，原告仍从事教育行业，涉诉工作经历信息是其从业经历的一部分，对于其潜在的企业或客户而言，了解这些信息是必要的。因此，原告所要求的"被遗忘"信息并不具备受法律保护的合理性和必要性。这一判断反映了法院在权衡个人信息保护与公共利益之间的取舍。

此案例说明，由于我国现行立法中并未涉及被遗忘权的规定，同时我国作为一个成文法国家，法官们习惯于遵循"依法"裁判的司法传统，对于无法可依的案件态度谨慎。尽管法院承认涉案个人信息与人格利益受损之间存在关联，但仍未敢对一般人格权的内涵进行扩展解释，这对个人信息保护产生了不利影响。这个案例促使我们深入思考和认识被遗忘权法定化的必要性。在现行法律框架下，个人信息保护仍有很大的完善空间，需要我们在借鉴国际经验的基础上，结合我国实际情况，加快制定相关法律法规，以更好地保护个人信息权益。

二、被遗忘权保护的正当性

权利的价值可分为两个层面：其一是权利在存在过程中所体现的价值，主要表现为对法治的贡献；其二为权利在行使过程中所展现的价值。权利是利益合法化的规范表述，只有具备法律保护价值的利益才有创设权利的必要性。

随着互联网大数据的繁荣进步，个人信息的迅速传播与互联网难以消除的痕迹特性之间的冲突愈发突出。在此背景下，实施被遗忘权对于保护信息主体的人格尊严、保障其信息自主权和维护社会公平正义具有重要意义。被遗忘权的要旨在于授予信息主体对已合法公开的个人信息进行自主处理的权利。因此，在探讨被遗忘权的价值时，我们应聚焦于个人信息上所承载的人格利益。实质上，捍卫个人信息等同于维护信息主体的人格利益，这也是被遗忘权所承载的价值精髓。

（一）维护人格尊严的利器

随着人类步入个人数据信息化时代，个人信息的处理方式已逐渐成为核心的控制手段。互联网科技的飞速发展使得他人能够轻松地构建每个人的全面"人格画像"，导致个人逐渐变得"透明化"，成为"个人信息的客体"，不断遭受他人的任意分析和监视。在这个背景下，个人信息保护成为一个日益重要的议题，需要我们关注和探讨。这种现象引发了人们的深刻担忧，因为个人的主体性逐渐被取代，使得人性尊严面临着严重的威胁。因此，我们必须认真思考如何保护个人的隐私和尊严，以确保个人数据信息化时代的发展符合人类的价值观和伦理标准。[①]相较于互联网大数据的飞速发展，中国在个人信息安全保护方面的进展相对滞后。互联网拥有持久和广泛的信息存储能力，每个人在网络空间中留下的个人信息可能会在将来对个人的人格尊严产生不利影响。人格尊严是人与生俱来的、不可剥夺的价值，它体现了对个体最高程度的内在价值的尊重。在数字化时代，个人信息的收集、存储、传输和处理变得更加便捷和高效，但这也带来了个人信息泄露和滥用的风险，对个人的人格尊严和隐私权构成了严重威胁。[②]为应对这一挑战，我国亟待加强对个人信息安全的保护，以确保每个人在数字化时代的人格尊严得到充分尊重。

---

① 王利明．论个人信息删除权 [J]．东方法学，2022（1）：51.
② 王秀哲．我国隐私权的宪法保护研究 [M]．北京：法律出版社，2011：39.

在当前的信息时代，我们迫切需要创设一种全新的权利，以帮助我们摆脱"数字化全景式监狱"的枷锁，让遗忘成为自然的常态。虽然我国在隐私权保障方面已经建立起较为完善的法律框架，但是这个框架主要针对的是未公开或非法公开的个人信息，对于已经合法公开且具有身份识别性的信息，法律保护还存在许多空白。正是在这样的背景下，被遗忘权应运而生。这一新兴的权利旨在赋予信息主体控制互联网上已合法公开的个人信息的权力，从而将已公开的个人信息纳入隐私保护的范畴，维护传统记忆与遗忘的平衡。被遗忘权既确保了个人对信息的自主决定权，又体现了对权利主体的尊重，使人得以享有应有的尊严。被遗忘权作为一项新兴权利，在互联网大数据时代具有重要价值。它将弥补现有法律保护的缺陷，确保个人信息安全，推动个人隐私权的全面保护。这将使每个人在数字化时代都能享有应有的权利和尊严。

被遗忘权这一重要法律工具，以其深厚的法理基础，维护着个人的尊严。从国际法的视角观察，人格尊严作为一项基本权益，其起源可追溯至17至18世纪的自然法理论。在西方诸多法学家的推动下，个人尊严作为个体的一项核心特征，逐渐在法律领域获得了广泛的认可。二战后，以《世界人权宣言》和《德国基本法》为代表，法律对人格尊严的保护正式得以确立，从而赋予了个体在法律层面上的尊严。[①]从国内法的角度来看，中国自古以来就重视对人格尊严的保护。在春秋战国时期，便提出了"以人为本"的思想，强调人的价值和尊严应受到尊重和保护。这一思想贯穿了中国整个法律体系，并体现在现行的《宪法》中。我国《宪法》第38条明确规定，公民的人格尊严不受侵犯。这一条款为维护人格尊严提供了明确的法律保障。人格尊严作为一般人格权的核心内容，体现了人之所以为人所应有的最基本的社会地位。它不仅是对人的价值和尊严的认可，也是对人权的尊重和保障。

---

① 王利明. 人格权法研究 [M]. 北京：中国人民大学出版社，2012：163—164.

个人数据蕴含了与生俱来的人格尊严，这种尊严在处理特殊及敏感信息时尤为脆弱，稍出差池便可能侵害信息主体的人格权。正因如此，个人信息作为人格尊严的载体，亟须得到法律的有力庇护。被遗忘权的核心理念在于保障信息主体的信息自决权，即尊重个人对自己信息的处理权，并限定他人对个人信息的收集、存储、运用和处理。在个人数据保护的范畴内，被遗忘权发挥着举足轻重的作用，成为维护人格尊严的有力法律保障。

（二）实现个人信息自主的良方

在大数据的浪潮之下，传统的通过用户身体、财产等因素影响其行为的方式，已逐渐被互联网平台采取的个人信息控制手段所取代。通常，拥有更多个人信息的公司更有可能在市场中占据一席之地。在追求更大利润的驱使下，越来越多的互联网公司开始收集、使用和处理用户个人信息。然而，此举导致了个人信息自主权的逐渐削弱，使人们仿佛成为"数字化全景式监狱"的囚徒。随着"冈萨雷斯诉 Google 案""任某某诉 Baidu 案"等案例的出现，越来越多的人开始关注个人信息保护的重要性。要摆脱"数字化全景式监狱"的束缚，将个人信息归还到隐私领域，关键在于防止个人信息自主权的流失。因此，保护信息主体的个人信息，维护其人格利益不受侵犯，从而实现信息主体的信息自主，成为当前的紧迫任务。这不仅有助于确保个人权益不受侵犯，同时也有助于推动互联网行业的健康发展。

被遗忘权作为个人信息权下的一项重要权利，其历史渊源可以追溯至德国法律中的"信息自主权"这一概念。简单来说，"信息自主权"是指个体对其个人信息拥有自我决策和掌控的权利，它着重强调了个人对其自身信息的自由处理权。正因如此，被遗忘权的根本宗旨在于保证信息主体在信息自主方面能够获得充分的保护。[①]这项权利的宗旨在于将曾经合法公开的个人信息从公开领域重新纳入私密范畴，这体现了信息主体在处理个人信息时的自由意志，以及他们对信息的自决权和控制权。进一步说

---

① 于靓．论被遗忘权的法律保护 [D]．长春：吉林大学，2018：44－45.

明，被遗忘权是实现信息自主权的一种重要手段。从被遗忘权的本质来看，它彰显了信息主体在处理个人信息时的自由意志。这种自由意志主要体现在以下两个方面：一是信息主体有权自主决定何时、何地以及通过何种方式公开个人信息；二是他们也有权自主决定何时、何地以及通过何种方式将个人信息重新纳入隐私领域。①为了落实被遗忘权，信息主体需要删除个人信息，这是实现该权利的关键方法。作为信息自主权的实现途径，被遗忘权确保了信息主体在处理个人信息时的自由意志。通过这种自主控制，信息主体在大数据时代能够更好地保障自身信息安全，防止成为"数字化全景式监狱"的囚徒。

被遗忘权作为保障信息自主的有效方式，在法律层面具有明确的依据。欧盟在数据保护领域一直保持世界领先地位，其数据保护法规特别重视对"信息自主"的保护。1995年，《数据保护指令》明确规定了"删除权"和"反对权"，目的是将已公开的信息重新纳入隐私范畴。这为欧盟保护被遗忘权提供了直接法律依据。②由此可见，行使被遗忘权是对"信息自主理念"的具体实施，它是实现信息主体信息自主的重要途径之一。通过法律手段保障被遗忘权的实施，有助于维护个人信息的安全与隐私，使个人信息在大数据时代得到有效保护。中国2021年正式实施的《个人信息保护法》（简称《个保法》）第47条确立了个人信息删除权，规定了信息主体行使个人信息删除权的五种适用情况，并要求个人信息处理者履行删除义务的例外情况。③虽然我国尚未将被遗忘权纳入立法，但是《个

---

① 于靓. 论被遗忘权的法律保护 [D]. 长春：吉林大学，2018：44.

② Meg Leta Ambrose，Jef Ausloos. The right to be forgotten across the pond [J]. Journal Of Information Policy，2013（3）：16.

③ 《个人信息保护法》第四十七条：有下列情形之一的，个人信息处理者应当主动删除个人信息；个人信息处理者未删除的，个人有权请求删除：（一）处理目的已实现、无法实现或者为实现处理目的不再必要；（二）个人信息处理者停止提供产品或者服务，或者保存期限已届满；个人撤回同意；（三）个人信息处理者违反法律、行政法规或者违反约定处理个人信息；（五）法律、行政法规规定的其他情形。法律、行政法规规定的保存期限未届满，或者删除个人信息从技术上难以实现的，个人信息处理者应当停止除存储和采取必要的安全保护措施之外的处理。

保法》第 47 条的部分规定与被遗忘权的目标相吻合——让曾经合法公开的个人信息重新回归隐私领域,尊重并实践信息主体的"信息自主理念"。通过这一法规,我国对个人信息保护的立场变得更加严格,强调信息主体在处理个人信息方面的自主权。尽管目前尚未明确提及被遗忘权,但这些规定为信息主体提供了更多的控制权,使其能够在大数据时代有效保护个人信息的安全与隐私。在我国法律体系下,被遗忘权的理念得到了一定程度的体现和重视。

(三) 衡量公平正义的砝码

在大数据时代,数据流的高速性为个人信息的搜集、应用和处理提供了更高的效率和便利。这一环境不仅催生了以大数据为主要业务的企业形态,也推动了传统企业经营方式的转变,形成了以大数据作为核心引擎的数字经济企业。企业在追求利润的同时,越来越依赖大数据作为发展的核心推动力。然而,这种依赖容易导致企业为了谋取商业利益而过度收集、处理、使用信息主体个人信息的情况发生。同时,随着大数据时代的到来,对个人信息的要求也相应提高。部分个人信息应被视为可自由流动的内容,以适应时代的发展。然而,如何平衡个人信息自主与信息自由流动之间的关系成为一个现实困境。为了解决这一系列问题,我们需要建立一种公平的信息处理机制来保障信息主体的权益。

在大数据的应用过程中,信息主体希望他们的个人信息所包含的人格利益能够得到公平的对待。被遗忘权作为一种信息处理机制,其目标是确保信息主体的生活安宁不被侵扰,通过推动信息控制者积极履行义务,以实现这一目标。一方面,被遗忘权通过删除的方式,使信息控制者非法获取和使用的个人信息回归到隐私领域;另一方面,被遗忘权倡导信息自主的理念,即信息主体有权决定哪些信息可以自由流动。同时,对于已经过时的流动信息,信息主体同样有权主张被遗忘权。因此,作为一种信息处理机制,被遗忘权能够有效地平衡个人信息自主与信息自由流动之间的关系,确保信息主体在大数据时代的人格利益得到公平对待。通过实施被遗忘权,我们可以规范信息处理行为,保护个人信息的安全和隐私。

被遗忘权这一重要法律制度,以公平正义为核心,旨在维护信息主体权益并促进社会公平。其理论基础源远流长,可追溯至古希腊时期,随着社会变迁不断丰富和完善。在信息时代,被遗忘权与公平正义理念紧密相连,成为保障个人尊严和自由的关键手段。公平正义是人类社会不断追求的核心价值目标,无论古今中外,这一目标始终如一。罗马法作为最早体现公平理念的法律体系,对欧美法系和大陆法系产生了深远影响,其中蕴含的公平、正义、善意等观念被广泛接受和运用。在我国最新颁布的《民法典》中,公平原则得到了明确规定,体现了对公平正义的不懈追求。

行使被遗忘权对于维护公平正义具有重要意义。在信息处理过程中,被遗忘权的行使有助于确保充分尊重信息主体的权利,推动个人信息保护与信息自由流动之间的平衡。通过保障被遗忘权,我们可以更好地维护公平正义,促进社会进步和发展。被遗忘权的实施有助于构建和谐的信息社会,保障个人信息的安全与隐私。在信息时代,个人信息面临着前所未有的挑战,被遗忘权的行使能够确保信息主体在大数据时代的权益得到公平对待。通过规范信息处理行为,被遗忘权有助于防止个人信息泄露和滥用,保护个人信息安全与隐私。

总之,被遗忘权作为维护公平正义的核心要素之一,具有坚实的理论基础和实践价值。通过保障被遗忘权,我们可以更好地维护信息主体的权益,促进社会公平与和谐。在现代社会中,被遗忘权作为一种重要的法律制度,将继续发挥重要作用。①

三、被遗忘权保护的合理性

在现代社会,复杂的利益关系和多元化的利益趋势,使得被遗忘权的正当性论证需考虑多维度的利益权衡,而不仅限于"被遗忘"的单一利

---

① 李园. 被遗忘权的法定化研究 [D]. 长春:长春理工大学,2019:10.

益。为确保被遗忘权的法定化与其在权利体系中的合理性平衡，除了论证其立法价值，还需将其置于整个权利体系中观察。这涉及被遗忘权与其他权利的利益冲突与协调，以勾勒出被遗忘权设定的合理范围，实现与其他权利的平衡，从而完成权利的合法性证成。

（一）被遗忘权法定化面临的权益冲突类型

1. 被遗忘权与言论自由权

言论自由，即公民享有通过语言等手段来表述观点和想法的自由，这一概念包括新闻自由、知情权和接受信息权等多个方面。其不仅涉及人们表达观点的权利，也包含了获取事实和信息的能力。在全球范围内，大多数国家的宪法都明确确认并保障公民的言论自由。而随着互联网技术的飞速发展，言论自由的空间得到了进一步的拓展和延伸。

与言论自由权有所区别的是，被遗忘权更加注重于公民对个人信息的掌控权。这赋予了信息主体权力去删除某些特定的个人信息，以此来防止这些信息被不适当地收集和利用。然而，在言论自由的行使过程中，有时可能会涉及对他人的个人信息的收集和利用。在这种情况下，删除这些相关信息可能会对言论自由产生影响。这就意味着，被遗忘权的实施可能会对个人的言论自由产生限制，从而减少公民获取信息、公共政策和公共消息的机会，进而对权利保障产生影响。在实际上行使被遗忘权时，信息主体提出删除请求后，信息控制者需要对请求进行审查，以确定是否符合删除的条件。如果错误地认为应当删除的个人信息实际上并不需要删除，那么信息控制者将面临更严重的侵权责任。因此，在权衡利弊后，信息控制者可能会选择删除信息，但这会增加侵犯他人言论自由的风险。

很多国家对于被遗忘权持相对保守的立场，这和欧盟积极倡导保护被遗忘权的立场形成了鲜明对比。以美国为例，美国要求搜索引擎运营商删除与某信息主体相关的不良、无关、过时链接的权利，但这与宪法第一修正案的规定存在冲突。该修正案明确规定了国会不得制定任何剥夺言论自由或出版自由的法律。因此，与欧洲在被遗忘权方面取得的迅速进展相比，美国在这方面的进展则相对较慢。

然而，值得注意的是，美国在被遗忘权方面并非毫无建树。美国学者罗伯特·沃克曾在其撰写的文章中表示，只有受到一定限制的被遗忘权才符合美国宪法的精神。他主张，数据主体应只享有要求删除自己所发布的个人信息的权利。这一理念在 2013 年得到了明确表达，当时加州州长签署了一项名为"橡皮擦法案"的法案。①该法案于 2015 年正式实施，其主要目的是帮助未成年人避免因其年轻时的轻率行为而在未来受到网络上的不良影响。根据该法案的规定，当未成年人要求社交网站删除其个人信息时，网站必须按其意愿删除相关内容，并告知未成年人他们拥有这项权利。然而，需要强调的是，该法案所规定的删除范围仅限于未成年人自行发布的信息。这意味着未成年人无权要求网站删除由他人发布的信息内容，从而确保言论自由和新闻自由得到最大程度的保护。

因此，可以得出结论，被遗忘权的实施可能会在一定程度上对公民的言论自由权产生限制作用。

2. 被遗忘权与公众知情权

在本质上，被遗忘权与公众知情权之间的矛盾，植根于信息自主性与公众知情权之间的对立关系。公众知情权赋予了公众了解和获取信息的自由和权利，这种权利既涵盖了通过官方渠道获取信息，也包含了通过非官方途径获取信息的情况。实现公众知情权的两个关键要素是：传播媒介的表达自由以及信息的自由流通。②然而，信息主体行使被遗忘权的目的在于将已经公开的信息重新纳入隐私领域。一旦这些信息被删除，它们将从公众视野中彻底消失，并被重新归类为隐私信息。这种情况下，公众知情权的保护就会受到影响，同时可能导致公众无法全面了解该自然人的过去历史。如果一个人的被遗忘权得到了充分的保障，那么公众将无法深入了

---

① Robert Kirk Walker. The Right to Be Forgotten [J]. Hasting Law Journal，2012：257.
② 卢冰洋. 欧盟《通用数据保护条例》中被遗忘权制度研究 [D]. 上海：上海师范大学，2020：24.

解该自然人的过往经历，这对于希望了解该自然人的公众而言并不公平。尤其是当删除的信息涉及负面新闻、犯罪记录等重要内容时，将对公众知情权的保障带来重大的影响。

因此，过度保护被遗忘权可能在某种程度上限制信息的流通，从而存在阻碍公众知情权的风险。这就需要在保护被遗忘权的同时，也要充分考虑对公众知情权的保护，确保两者之间的平衡。

3. 被遗忘权与公共利益

首先，为了保障公共安全，各国政府在当代社会中通常需要收集各类信息。例如，通过网络监控实现反恐和国家安全目标，数据存储成为追踪重大犯罪分子和恐怖分子的行踪的重要工具，也是一条有效的取证途径。像著名的"棱镜计划"那样，旨在维护国家安全，直接接触大量的私人聊天记录、语音通话、文件传输以及私人社交网络数据等。奥巴马曾为其辩护，认为不能在100％安全的情况下同时拥有100％隐私和100％便利。过度保护被遗忘权可能会削弱国家对数据的控制，对打击犯罪和维护社会安全产生不利影响。[①]

其次，在国际社会大环境下，各国普遍扩大政府权限并强化数字治理。例如，美国国家安全局的报告中，至少有七分之一使用了棱镜项目的数据；又如，中国推行的全国公民身份信息系统、中国执行信息公开网、全国法院被执行人信息查询平台等都有对公民个人信息的收集、存储和处理。过度保护被遗忘权可能会赋予公民极大的信息控制权，但这无疑会削弱政府的执法能力。

再次，社交网站的丰富资源为历史研究提供了大量样本与数据，许多个人信息具有重要的历史和科研价值。这些信息主体为了科研和存档需求，通常需要从网络中收集和利用有价值的个人信息。许多社会分析研究也依赖于从社交网站上获取成本低廉的有价值信息。然而，过度保护被遗

---

① 宋晓龙. 网络监控与国家网络空间治理 [J]. 中国信息安全，2013 (47).

忘权可能导致数据丢失和历史数据被删除。大量删除将使许多社会分析和科研受阻。如果信息主体主张行使被遗忘权导致有价值信息丢失,将对科研产生难以弥补的损害。

最后,需要指出的是,被遗忘权的保护并非毫无限制。在行使被遗忘权时,应当平衡个人隐私权与公共利益之间的关系。对于一些涉及公共利益的重要信息,如反恐和国家安全等敏感领域的信息,被遗忘权的行使应当受到限制。此外,对于一些具有历史和科研价值的信息,也应当在保护个人隐私的同时尽量保留这些信息。①

因此,过度保护被遗忘权可能会损害公共利益。

(二)权利冲突的本质

1. 个人信息的双重属性:私人性与公共性

在研究被遗忘权的合法性时,我们需要注意到权利冲突中的核心矛盾在于言论自由权和公众知情权之间的平衡。其中,个人信息作为被遗忘权保护的范畴,具有私人性和公共性的双重属性。有学者提出,我们可以借鉴经济学中的公共物品概念来更深入地理解个人信息的性质。②个人信息可以被视为一种介于公共物品和私人物品之间的准公共物品,这体现了其公共性质。个人信息不仅涉及"个人"一面,与个体主义相关,表现为一种权利;同时,它也涉及"信息"一面,与社群或公共空间紧密相连,成为一种公共产品。个人信息不仅具有人格尊严和自由的价值,还具有商业价值和公共管理价值。因此,过度强调某一价值而忽略其他方面是有失偏颇的。③

在解决权利冲突时,我们需要权衡各种因素,包括言论自由权的价值、公众知情权的价值、个人信息的性质及其价值等。我们需要综合考虑

---

① 卢冰洋. 欧盟《通用数据保护条例》中被遗忘权制度研究 [D]. 上海:上海师范大学,2020:25.

② 洪丹娜. 大数据时代被遗忘权的合法性证成 [J]. 华南理工大学学报,2021 (1):79.

③ 丁晓东. 被遗忘权的基本原理与场景化界定 [J]. 清华法学,2018 (6):94-107.

这些因素，以寻找最佳的平衡点。同时，我们也需要认识到，不同的国家和地区可能对这些问题有不同的看法和法律规定。①因此，在处理这些权利冲突时，我们需要以本国的国情和法律体系为出发点，寻找最适合本国情况的解决方案。在保障被遗忘权合法性的过程中，我们需要对个人利益和公共利益进行平衡。只有当所涉及的个人信息的私人性显著超过其公共性时，主张被遗忘权才具有合理性。

2. 信息公开中的隐私权合理让渡

自被遗忘权问世以来，其与言论自由、知情权等基本权利的冲突问题始终是关注的焦点。关于是否将被遗忘权纳入法定范畴的议题，一方面关系到在中国是否应当借鉴欧盟所倡导的以人格尊严为核心的隐私权益保护；另一方面则关乎评估引入被遗忘权所提供的隐私风险解决方案——利益权衡的必要性。

表 2 - 1　信息公开可能涉及的冲突权利

信息类型	情境 1：主动公开	情境 2：被动公开
具体情形	在社交网络平台分享个人生活等	新闻报道 司法信息公开（裁判文书、失信被执行名单等） 被第三方搜集利用、转载 ……
与被遗忘权冲突的权利		新闻自由 言论自由 公众知情权 公共利益（科学研究、历史统计等）
理论基础	个人信息自主	隐私权让渡（利益权衡）

根据表 2 - 1 所示，被遗忘权主要在以下两种情况下适用："撤回同意"（简称"情境 1"）和"第三方合法处理但继续处理将侵犯数据主体基本权利"（简称"情境 2"）。在数据处理活动基于数据主体同意的前提下，撤回同意时删除相应数据并无异议。然而，争议主要集中在情境 2，即未

---

① 张新宝 . 从隐私到个人信息：利益再衡量的理论与制度安排 [J]. 中国法学，2015 (3)：38—59.

征得信息主体同意的第三方合法处理信息场景，例如新闻报道、司法信息公开以及第三方转载传播等信息。

情境 2 所涉及的公开信息往往基于其公开的合法性，例如司法信息中的失信被执行人名单制度。自 1890 年隐私权概念诞生以来，很多国家都将其视为受宪法保护的基本权利。隐私权的内涵也逐渐从最初的消极防御权——不受外界干扰，演变为积极控制权，让当事人有权排除所有侵犯其隐私权的行为。然而，这一发展也带来了一些问题，尤其是当它与司法公开的原则相冲突时。①为了解决这一难题，隐私权让渡理论应运而生。该理论以卢梭的社会契约论中的自由让渡思想为基础，主张在某些情况下，个人隐私需要为其他更重要的权利或利益做出让步。②该理论的价值核心在于，个人隐私非绝对权利。③以失信被执行人为例，这些人的逃债行为损害了社会的正常秩序和司法的公信力，因此他们的隐私信息不再是与公众无关的纯粹私事。在法律需要保护的多种利益中，根据"利益均衡"的原则，此时更紧迫的是维护社会秩序和司法公信力。为了实现这一更高层级的利益，失信被执行人的部分隐私信息就需要被公开。这样的公开并不是随意或无根据的，而是基于法律所追求的利益均衡原则，旨在实现更广泛的社会公正和司法公正。因此，这类公开信息具有充分的正当性。④

3. 被遗忘权包含对已合法公开信息的保护

被遗忘权所保障的信息主要是已经公开的个人资讯，而且通常是合法公开的信息。对于这些已经合法公开的个人信息，传统隐私权无法有效保护。因此，被遗忘权的存在具有其合理性和必然性，这种权利的出现，是

---

① 董良，李怡娴. 中国失信被执行人"被遗忘权"的法律保护探析 [J]. Dong-A Journal of International Business Transaction Law，2022（37）：161.

② 卢梭曾在《社会契约论》中认为，人类为了获得自由而向社会转让自己的自由，但每一个人因社会公约而转让出来的权力、财产、自由，仅仅是与集体有重要关系的那些部分。

③ 隐私权让渡理论的内涵在于，当隐私权的保护侵犯社会公共利益、公共道德时，对隐私权的保护应让位于公共利益的保护。

④ 在法律设定的利益保护中，国家利益、社会利益和个人利益三者应处于一种相对稳定、和谐的状态，并通过适当调整，在不同领域中对各方权能的保护有不同的侧重。

为了更好地保护个人隐私，在合法公开信息的同时，也能够维护个人的合法权益。

根据以上分析，论证了情境 2 的信息公开是基于"隐私权让渡"理论而具备合法性。然而，在实现公共利益保障的前提下，如何合理设定权利的时间和空间限制，以及在适当时候使私人利益恢复原状，使合法公开的信息回归隐私范畴，避免不必要的私权损害扩大化，是在信息公开领域急需应对的挑战。因为，此类信息的公开无须信息主体同意，可能导致信息主体对自身产生的信息数据失去掌控的情况，这违背了个人信息自主的理念。所以，行使被遗忘权所造成的权利冲突，实质是"个人信息自主"与"隐私权合法让渡"之间的张力问题。

如何将解决好行使被遗忘权时所带来的权利冲突问题，是被遗忘权法定化过程中所面临的核心问题。过去，学术界对被遗忘权的研究主要关注其性质归属和立法价值的分歧。然而，在最近的研究中，许多专家通过深入剖析欧盟的相关判例，为我们带来了全新的视角：被遗忘权在信息化时代的背景下，更多地被解读为一种解决利益冲突的新机制。这种解读强调了其作为一种中立的利益权衡原则的特性。这个新的观点不仅深入揭示了欧盟在被遗忘权应用中的权利观念，还触及了被遗忘权制度设计的核心议题。实际上，在被遗忘权的制度设计中，一个至关重要的问题是：谁能代表公众利益来公正地分配被遗忘权的权利和义务？这是决定整个被遗忘权制度设计成功与否的关键因素。[①]被遗忘权这一议题牵涉到多方的利益，这些利益之间既相互关联，又可能存在冲突。如何在这些错综复杂的利益关系中，精准地衡量并把握被遗忘权的保护机制与裁判基准，便成为处理这类案件的关键所在。前文已分析，在欧盟被遗忘权立法和司法实践中引入的比例原则对于平衡强势利益与弱势利益起到了很好的作用。对于被遗

---

① 蔡培如. 被遗忘权制度的反思与再建构 [J]. 清华法学，2019 (5)：168.

忘权相关案件而言，其本质就是在冲突中寻求平衡。[①]

所以，被遗忘权并非单一的立法价值导向，而是一个具有较强适应性、涵盖利益竞争的权衡体系。[②]在填补合法公开信息法律保护空白以及平衡可能出现的权利冲突方面，将被遗忘权法定化被视为最佳策略。

（三）权益冲突的解决途径：比例原则

权益之间的冲突并不是被遗忘权所独有的现象，实际上，权利保护的核心在于权利主体与义务主体之间通过相互的博弈达成一种共识或妥协。在被遗忘权的情境中，这种冲突主要体现在信息主体在行使自主权时与其他人权、财产权以及国家公权力之间产生的权益碰撞和摩擦。对于如何调和这种权益之间的冲突并寻求平衡，研究结果表明，采用比例原则是一个行之有效的方法。比例原则要求在权衡各种权益时，必须确保所采取的措施或限制与追求的目标成比例，不过度侵犯任何一种权益，以实现最大的公正和合理性。

1. 比例原则的内容

比例原则最初是在德国公法领域中提出的，它的主要目的是评估公权力的合法性，确保国家公权力在行使时受到限制，只在不超越必要和适当的范围内进行操作。[③]有专家指出，比例原则不仅仅局限于公法领域，它也可以作为利益衡量的基础方法，适用于民事立法、民事司法以及民事行为等多个领域。在这些领域中，比例原则可以用于指导如何设定权利的边界，如何判定合同是否无效，以及如何对权利限制进行适当的控制等问题。根据目前主流的观点，"三阶说"理论认为比例原则实际上包含三个子原则，分别是合目的性原则、必要性原则和均衡性原则。[④]首先，合目

① 贺桂华，董俞彤.论被遗忘权裁判基准的构建——以比例原则切入 [J]. 宁波大学学报（人文科学版），2021（5）：111.

② 蔡培如.被遗忘权制度的反思与再建构 [J]. 清华法学，2019（5）：176.

③ 1931年颁布的《普鲁士警察行政法》将"必要性原则"作为内容之一涵盖进来，这也是比例原则首次以立法的形式被确认。

④ 余凌云.论行政法上的比例原则 [J]. 法学家，2002（2）：33.

的性原则要求任何采取的措施都必须与预期达到的目标直接相关；其次，必要性原则强调在选择实现目标的手段时，应当选择对基本权利干预最小的途径，确保手段的适当性；最后，均衡性原则要求在干预基本权利与追求目标之间找到一个合适的平衡点，以最小化对权利的损害。[①]这三个子原则在逻辑上是递进的，因此在应用时需要按照一定的顺序进行检验，以确保最终得出的结论是科学和合理的。这也是为什么该理论被称为"三阶说"，而非简单的"三要件说"。通过遵循这三个子原则，我们可以更好地保护个人的权利和自由，防止公权力的滥用，同时也能确保社会的正常运行和发展。

2. 比例原则的适用

在被遗忘权权益冲突问题的具体应用中，比例原则"三阶说"的适用步骤如下：

首先，判断合目的性。这一步骤主要是考察所采取的手段是否有助于达成正当目的，比如维护人性尊严和保障信息自决。在具体分析时，我们需要根据案件的具体情况来推断删除相关信息是否有助于实现这些正当目的。

其次，必要性原则。这一步骤要求我们判断所采取的手段是否对基本权利的干预最小。在具体分析时，我们需要判断删除信息是否为达到某正当目的的最小伤害手段。

最后，均衡性原则。这一步骤需要我们将最轻的干预手段与所欲达成的目的进行比较，以审查其在效果上是否相称。具体来说，就是要衡量信息删除这一手段所造成的损害与达成的目的效果之间是否相称。[②]

比例原则的"三阶说"在解决被遗忘权权益冲突的问题中，强调了依次分析合目的性、必要性和均衡性原则的重要性，以确保权益冲突得到合

---

① 郑晓剑. 比例原则在民法上的适用及展开 [J]. 中国法学, 2016 (2): 143.
② 卢冰洋. 欧盟《通用数据保护条例》中被遗忘权制度研究 [D]. 上海: 上海师范大学, 2020: 26.

理解决。然而，利益衡量本质上是一种主观行为，依赖于法官的主观判断。因此，完全避免在适用过程中可能出现的滥用情况是相当困难的。鉴于这一担忧，有观点甚至认为比例原则并未提供"具有客观性和规范性的判断标准"。虽然比例原则具有严密的逻辑性，但其在判断结果上仍存在局限性，即缺乏确定的预期。这意味着在实践中，虽然我们可以根据比例原则来评估各种权益的相对重要性，并试图找到一个平衡点，但最终的判断可能仍然具有一定的主观性和不确定性。[①]此外，由于被遗忘权的权益冲突问题往往涉及复杂的法律、伦理和技术问题，因此需要综合考虑各种因素来进行权衡。

因此，当我们在构建关于被遗忘权的立法规范时，尽管比例原则的应用显得极为重要，但是仍然有必要确立更加细致且明确的评判准则，以补足其固有的限制。在这种情况下，我们需要在被遗忘权立法中充分考虑比例原则的三个阶段，以确保公正、合理地解决权益冲突。在此基础上，通过制定更具针对性和可操作性的判断规则，可以有效降低滥用比例原则的风险，从而更好地保护各方权益。

对于上述议题，中国可参考欧洲联盟《通用数据保护条例》（GDPR）中有关被遗忘权的条款。在法规制定及司法审判过程中，GDPR均体现了比例原则，这对我国未来将被遗忘权纳入法律体系具有借鉴意义。通过深入分析和借鉴欧盟的经验，我国在制定相关法规时，可充分吸收比例原则，确保在实际执行过程中，公正、合理地权衡各方利益。这将有助于提升我国数据保护法规的完善度，进一步保护个人信息权益。

3. 比例原则在 GDPR 被遗忘权制度中的体现

（1）立法领域

GDPR 作为一部数据保护法规，在防止过度保护的问题上，构建了一套相对完备的价值平衡弹性机制。这不仅强调了个人信息权与其他重要权

---

① 郑晓剑. 比例原则在民法上的适用及展开 [J]. 中国法学，2016（2）：147.

利之间的和谐共生，还为各成员国在实施 GDPR 时提供了灵活性和自主空间，有助于更好地平衡不同权益之间的关系。例如：

①GDPR 第 85 条

该法规的第 85 条"处理、表达自由与信息"中，前两款针对言论自由权与个人信息权、新闻传播与个人信息权[①]之间冲突的平衡进行了规定。

第一款明确指出，欧盟各成员国应制定法律以调和符合 GDPR 所规定的个人信息权与言论自由、资讯自由之间的关系，包括新闻目的和学术、艺术或文学表达目的所进行的处理。[②]这一款强调了个人隐私权与表达自由、新闻自由等权利之间的和谐共生，要求各国在制定法律时，充分考虑如何在保护个人信息的同时，保障表达自由和新闻自由等重要权利。

第二款则规定，在调和个人信息权与出于新闻目的和学术、艺术或文学表达目的所进行的处理之间的关系时，若有必要，成员国应对第二、三、四、五、六、七、九章的规定进行除外或豁免。[③]这一款进一步明确了在处理个人信息与实现新闻、学术和艺术表达自由之间的平衡关系时，各成员国可以根据实际情况，对 GDPR 的部分条款进行豁免或除外。这种灵活性为各国在实施 GDPR 时提供了更大的自主空间，以适应不同国情和文化背景下的权益平衡问题。

本条文的规定体现了比例原则中的均衡性原则。在处理言论自由与个人信息权之间的关系时，应当谨慎地比较这两种权利的保护效果与所造成的损害，以审查它们是否相称。这意味着，在保护言论自由的同时，我们也应该尽可能地减少对个人信息权的损害。这种平衡的考虑可以避免对任何一种权利的过度保护，从而更好地平衡言论自由和数据保护之间的关系。

---

① General Data Protection Regulation Article 85："Processing and Freedom of Expression and Information"，来源于 https：//gdpr-info. eu/art-85-gdpr/. 访问日期：2022/6/4.

② Article 85 GDPR. Processing and freedom of expression and information，来源于 https：//gdpr-text. com/zh/read/article-85/. 访问日期：2022/6/4.

③ 注同上。第二章（原则）、第三章（资料主体之权利）、第四章（数据控制者及处理者）、第五章（个人资讯转移至第三国或国际组织）、第六章（独立监管机关）、第七章（合作及一致性）及第九章（特殊资料处理）。

②GDPR 第 89 条

该法规的第 89 条 "为实现公众利益、科学或历史研究或统计目的而进行处理的保障及减损"，这一条共四款，明确指出了在处理涉及公众利益、科学或历史研究或统计目的的个人信息时，应采取必要性和最少干预性的措施，以平衡个人信息的保护和公共利益的需求。[①]

第一款明确了必要性原则在个人信息处理中的重要性。如果可以通过匿名方式收集数据来完成基于公众利益、科学或历史研究或统计目的的处理，数据处理应采用这种匿名方式。这种匿名化处理可以减少对个人信息的不必要暴露，同时确保公共利益、科学或历史研究或统计目的的实现。

第二款和第三款规定了在保护个人信息与实现公共利益、科学或历史研究或统计目的之间发生冲突时，对个人信息保护的减损是必要的。这表明，在特定情况下，对个人信息的适度减损是合理的，以确保公共利益、科学或历史研究或统计目的的实现。

第四款的规定强调了，即便数据处理的目的是为了公共利益，也不能无限制地行使，应采取对个人信息权干预最轻的手段。

综上，欧盟在 GDPR 立法过程中充分运用了比例原则，为调和权利冲突提供了具体的解决方案。在这个过程中，比例原则为解决各种权利冲突提供了指导，使 GDPR 成为一项更具包容性和弹性的数据保护法规。

（2）司法领域

虽然 GDPR 为调解权益冲突提供了方法，但固定的规则无法为所有的权益冲突提供一个通用适用的解决方案。因此，欧盟法庭着重指出，在与被遗忘权有关的案件中，应当遵循个案处理原则（Principle of case-based handling），也就是根据各个案件的具体情况来制定适当的解决方案，而不是统一地应用一刀切的规定。同时，应考虑在司法实践中遵循比

---

① General Data Protection Regulation Article 89："Safeguards and derogations relating to processing for archiving purposes in the public interest, scientific or historical research purposes or statistical purposes"，来源于 https://gdpr-info.eu/art-89-gdpr/. 访问日期：2022/6/4.

例原则的动态平衡过程。这表明，在处理权益冲突时，法庭需要根据具体情况进行权衡，以确保公正地解决争议。①

①英国两男子诉 Google 公司案：首例判例承认被遗忘权

在解决依据比例原则的被遗忘权冲突方面，英国的 "A、B 诉 Google 公司案" 具有显著代表性。此案于 2018 年 4 月 13 日由英国高等法院王座法庭媒体通讯审判庭作出判决，其详尽且论证充分的判决书随后公布于网络。在通过行使被遗忘权删除犯罪记录的诉求方面，原告 B 诉 Google 公司一案是全球首个胜诉的判例。该案件涉及权衡被遗忘权与公共利益的问题。

本案原告 A 和 B 均为曾因触犯刑法被捕入狱的商人，现已刑满释放。他们指控在 Google 搜索引擎上输入特定关键词后，可轻易搜到他们曾因犯罪被判刑的旧闻。然而，这些搜索结果的内容不准确，且 "既陈旧、过时，又与公共利益无关"，继续披露将侵犯他们的合法权益。为了解决这个问题，他们向 Google 公司提出了断开相关链接并赔偿损失的请求。然而，Google 公司称，搜索引擎结果列表中的新闻报道具备真实性，符合法律规定，因此请求法院驳回 A 和 B 的诉求。最终，法院驳回了原告 A 的诉讼请求，但支持了 B 关于删除搜索链接的主张。这一判决结果表明，在处理被遗忘权与公共利益之间的冲突时，法院会根据具体情况进行权衡，并作出最终的法律判决。②

②比例原则在案例中的适用

根据前文所述，比例原则的 "三阶说" 包含合目的性、手段必要性和利益均衡性三个方面。如果在本案中，法官支持原告 A 和 B 请求删除与涉案信息主体相关的搜索链接，那么这些个人信息将得以重新回归私密状态，这符合被遗忘权的设立目的，即满足比例原则适用中的 "合目的性" 原则；且要求 Google 公司删除与涉案原告 "不准确、过时的" 相关信息，

---

① Case C-131/12, Judgment of European Court of Justice, 13 May 2014, ECLI: EU: C: 2014: 317.

② 孙晋威. 论英国被遗忘权的发展及对我国的启示 [J]. 网络信息法学研究, 2019 (2): 174.

此诉求既维护了原告人格尊严，同时又并未对 Google 公司造成不利的影响，符合"手段必要性"原则。但是，为何法院会支持原告 B 的诉讼请求，却驳回了原告 A 同样的诉讼请求？这正是基于比例原则第三点"利益均衡性"原则的考量。

法院遵循"利益均衡性"原则，根据具体案情进行个案化分析，理由如下：

在原告 A 所提起的诉讼中，A 作为一名商人在十年前因涉及伪造账目的刑事犯罪被判处四年监禁。然而，他在刑满释放之后，仍然继续从事商业活动。由此，A 的犯罪历史对于公众而言具有重大的意义。鉴于 A 目前从事的商业活动与他之前的犯罪行为存在紧密的联系，这些原始的犯罪信息对于他人评估是否应与 A 进行商业合作具有关键的参考价值。如果删除这些信息，可能会导致公众对 A 的认识产生误解，基于不完整信息的判断容易受到误导。此外，A 试图在社交媒体平台上散布具有误导性的信息，以掩盖其罪行，这表明他并未对其犯罪行为表示出真诚的悔悟。因此，保留 A 的犯罪记录有助于防止误导公众。综合考虑，法院未支持 A 的请求，这一决定有利于维护公共利益。

在原告 B 的案件中，商人 B 承认自己在十年前因为窃取通信信息而被判处六个月的监禁。他并未试图掩饰或曲解事实，反而表现出悔改的态度，因此再次犯罪的风险较低。目前，他的职业与之前的犯罪行为并无关联。在考虑是否与 B 进行商业合作时，公众认为他曾经的窃取通信信息的原始犯罪信息并没有太大的参考价值。另外，B 当年的罪行相对较轻，只是侵犯了受害人的隐私，并没有涉及公共利益。因此，法院最终支持了原告 B 要求删除相关犯罪信息的主张。

关于犯罪记录这一较为特殊的个人信息，在互联网上关于"被遗忘权"的讨论一直存在着争议。在英国高等法院处理相关案件时，法官根据每个案件的具体情况，综合考虑了各种因素，对于两位原告的请求并未做出统一的判决。法官认为，犯罪信息是否适用于被遗忘权，需要看这些信息对公共利益的影响程度。因此，在英国高等法院处理欧盟一般数据保护条例（GDPR）中被遗忘权保护制度时，法官谨慎地权衡了信息主体的人格尊严保护与新闻自由权、公众知情权之间的利益冲突。当犯罪记录的信息已经过时，对公共利益没有影响，或者影响微乎其微可以忽略时，大部分用户将不再有合法权利持续获取这类信息。搜索引擎公司应当制定适当的"退出搜索结果"机制，以保障信息主体的人格尊严。

总的来说，当综合考虑被遗忘权与其他相关权利之间的矛盾时，司法实践会遵循比例原则，对具体案件进行个别化的分析。这是目前解决被遗忘权与其他权利冲突的有效方式。

第二节　被遗忘权在中国的立法基础

一、《民法典》中被遗忘权的关联条款

（一）一般过错原则的侵权责任适用条款

2021年1月1日，《中华人民共和国民法典》正式生效。这部法律的第七编涉及侵权责任，其中第1195条明确指出，在网络环境下，若侵权行为导致权利所有者遭受损害，则行为人必须依法承担相应的侵权责任。有学者认为，这一条款可以视为对被遗忘权的初步探索，以保护个人信息安全。①当侵权行为已经发生并造成了损害结果时，如果权利所有者提出请求，数据管理者应当从网络中移除被侵害的数据和资料，防止其被第三方在网络空间中进一步传播，从而避免权利所有者遭受更多的损害。倘若

---

①　《民法典》第1195条：网络用户利用网络服务实施侵权行为的，权利人有权通知网络服务提供者采取删除、屏蔽、断开链接等必要措施。通知应当包括构成侵权的初步证据及权利人的真实身份信息。网络服务提供者接到通知后，应当及时将该通知转送相关网络用户，并根据构成侵权的初步证据和服务类型采取必要措施；未及时采取必要措施的，对损害的扩大部分与该网络用户承担连带责任。权利人因错误通知造成网络用户或者网络服务提供者损害的，应当承担侵权责任。法律另有规定的，依照其规定。

网络服务提供商在没有合理依据的情况下未能采取必要措施，那么他们将面临对由此产生的损害进行赔偿的责任。《中华人民共和国民法典》第1195条与欧盟《通用数据保护条例》（GDPR）在处理互联网上的数据删除请求方面存在相似性。两者都明确了数据主体有权要求删除网络上公开的个人数据，这一权利不扩展至纸质的书面文件。然而，二者之间存在差异：GDPR规定，数据主体可以要求数据控制者删除过时、偏颇的信息，不必发生损害行为和损害后果。与《民法典》第1195条相比，欧盟《通用数据保护条例》（GDPR）的适用范围更为广泛，它赋予数据主体更强大的能力，以保护其个人信息不被遗忘，确保个人隐私在网络空间中得到更全面的维护。《民法典》第1195条明确规定了在过错责任原则下，若数据主体的权利遭受侵害，他们有权向网络服务提供商提出删除相关信息的请求。尽管如此，该条款的适用范围相对狭窄，数据主体在行使所谓的"被遗忘权"时面临一定的限制。这些限制意味着该条款在满足数据主体全面保护个人信息的需求方面存在一定的局限性，因此在个人信息安全的全面保障方面并非无懈可击。因此，《民法典》第1195条与欧盟的"被遗忘权"存在根本上的不同，它更侧重于删除权利，而非公民固有权利的观念。

即便存在上述限制，《中华人民共和国民法典》的施行依旧标志着中国在维护权利人信息安全方面迈出了重要的一步，展现了中国法律体系对"被遗忘权"这一概念初步的探索和认识。

（二）侵权责任承担方式的救济条款

在《民法典》中，对于遭受侵害的情况，规定采取事后救济方式。在行使"删除"权利时，被侵害人需满足以下条件：个人信息数据已在互联网上公开，数据主体的个人信息在网络上存储和处理，并可进行查询；侵害范围符合《民法典》第1165条[①]的规定，即侵权行为已对权利人造成

---

① 《民法典》第1165条：行为人因过错侵害他人民事权益造成损害的，应当承担侵权责任。依照法律规定推定行为人有过错，其不能证明自己没有过错的，应当承担侵权责任。

严重损害，产生直接影响，且后果难以预料和估算。根据我国《民法典》相关规定，民事责任的承担方式包括十一种主要形式。①在涉及被遗忘权的侵权情形下，根据《民法典》的规定，网络服务提供者应当采取的具体责任形式包括：终止侵权行为、补偿受害者的经济损失、清除造成的不良后果、恢复受损的声誉，以及向受害者公开致歉。这些责任措施既公平合理，又易于实施，旨在确保权利人遭受的损害得到充分的救济。具体分析如下：

1. 停止侵害

对于网络服务提供者的不作为侵权，即未能履行其删除信息的义务，法律要求其立即采取行动，执行删除任务，以阻止损害的进一步蔓延。这种责任的执行是为了确保权利人免受持续的侵害，并防止侵权行为的后果进一步恶化。

2. 赔偿损失

鉴于网络服务提供者未能执行其删除信息的职责，从而导致信息主体的损失加剧，法律要求对此进行相应的补偿。这种赔偿应当涵盖两个方面：一是财产损失，二是精神损害。这样的规定旨在全面补偿信息主体因服务提供者的不作为而遭受的各类损失。

3. 消除影响、恢复名誉

信息主体拥有合法权利，可以要求网络服务提供商发布适当的澄清声明或其他形式的公告，其目的在于修复和维护信息主体的名誉。这种措施是为了消除由于服务提供商的不当行为而对信息主体声誉造成的负面影响。

4. 赔礼道歉

信息主体依法享有的权利包括要求网络服务提供商发布必要的澄清声

---

① 《民法典》第179条："承担民事责任的方式主要有：（一）停止侵害；（二）排除妨碍；（三）消除危险；（四）返还财产；（五）恢复原状；（六）修理、重作、更换；（七）继续履行；（八）赔偿损失；（九）支付违约金；（十）消除影响、恢复名誉；（十一）赔礼道歉。法律规定惩罚性赔偿的，依照其规定。"本条规定的承担民事责任的方式，可以单独适用，也可以合并适用。

明或者其他类型的公开声明,这样做旨在恢复并保护信息主体的名誉。采取这种措施的目的是为了消除或减少由于服务提供商的不当行为对信息主体声誉带来的不良影响。

二、刑法领域中被遗忘权的关联条款

为了确保个人数据的保护,避免个人信息的未经授权传播,我国在2009年实施了刑法修正案(七)。该修正案旨在加强对个人信息安全的法律保护,防止个人数据在未经数据主体同意的情况下被非法使用和传播。该修正案第253条规定,国家机关、医疗机构、金融机构等领域的从业人员如果违反法律,对公民个人信息进行非法处理或销售,将面临三年以上的有期徒刑、拘役以及罚金的刑事处罚。这一条款的设定是为了严厉打击那些侵害公民个人信息安全的行为,以保护公民的隐私权不受侵犯。2015年,《中华人民共和国刑法修正案(九)》对刑法修正案(七)中的上述条款进行了进一步的强化,新修订的条款明确指出,任何违反国家规定,对个人信息进行非法交易或处理的行为,都将受到法律的严惩,可能面临三年以下的有期徒刑或拘役。对于那些情节严重的行为人,将依法判处三至七年的有期徒刑。此外,如果有人利用职务上的便利非法获取他人信息并进行买卖处理,将依照法律规定从重处罚,以彰显法律对此类行为的零容忍态度。[①]这一修订扩大了犯罪主体范围,将刑事责任适用于一般主体,使得刑事责任不再局限于特定身份的人员,而是适用于更广泛的普通主体;扩大了犯罪途径和手段,涵盖了通过各种渠道获取他人信息并进行非法处理或销售的各类行为;并加大了惩治力度,对于利用职务上的便利非法获取个人信息并进行买卖处理的情形,规定了更为严厉的惩罚措施。[②]

---

① 《刑法修正案(七)》第二百五十三条解读 [EB/OL]. (2019-09-28) [2022-07-02]. https://www.wenmi.com/article/pyj3tb05ir6t.html.

② 华律网. 刑法修正案九加强了对公民个人信息的保护 [EB/OL]. (2022-07-14) [2022-07-30]. https://www.66law.cn/laws/130404.aspx.

例如，在刑法修正案（九）中，明确指出那些利用职务上的便利非法获取他人信息并进行交易或处理的行为，将受到法律的严厉惩处。这样的规定旨在防范和遏制此类行为对个人信息安全可能造成的严重损害。

我国的刑法体系致力于保障公民个人信息的完整性，对于那些滥用个人信息的行为，法律将施加刑事制裁，以此预防个人信息泄露可能对相关当事人造成的损害。这一法律框架的建立，彰显了我国在个人信息数据安全与隐私权保护方面的坚定立场，同时也反映了我国司法体系的不断发展和完善。相较于欧盟 GDPR 的被遗忘权，我国刑法采取事前预防策略，对非法收集、处理个人信息的行为进行遏制，防止个人信息被非法滥用，避免给个人未来发展带来不可估量的潜在风险。保障个人信息安全，从源头上阻止非法行为，有力维护公民权益。同时，推动个人信息法治体系的建设与完善，彰显时代进步和司法文明的不断提升。

三、《个人信息保护法》中被遗忘权的关联条款

伴随互联网技术的迅猛发展，人们在虚拟网络空间的活动中，不知不觉地孕育出了海量的个人信息数据。这些数据在不经意间被运营商秘密搜集、加工和运用，转化为了众多企业未来发展的关键资产。信息技术的进步在为我们带来种种便捷的同时，也同步提出了严峻的挑战。确保个人数据的安全，避免个人信息的滥用和无序扩散，以及降低这些行为对个人生活可能产生的负面影响，已经成为一个迫切需要应对的课题。

自 2003 年起，面对个人信息保护的挑战，我国国务院着手草拟《个人信息保护法》以应对之。经过两年的努力，一个由法学学者构成的团队最终完成了《个人信息保护法专家建议稿》的编写工作，这一成就象征着我国正式踏上了个人信息保护的立法征程。2020 年，我国全国人大常委会对相关草案进行了详细的审查，并将其公布在我国人大网上，以便广泛地收集社会公众的意见和建议。该草案的第四十六、四十七条明确规定了信息变更、补充的权利以及个人信息删除权。第四十六条规定了，在涉及

个人数据发布不准确的问题上，负责数据管理的主体有责任在数据当事人的请求下，对相关数据进行相应的修正和补充。这意味着，一旦数据当事人发现其个人信息存在误差或缺失，有权要求数据处理者进行信息的核实与更新，确保数据的准确性与完整性得到维护。在特定情况下，如信息保存时间届满或停止服务等，数据主体有权要求数据处理者删除个人信息，以确保个人信息安全。相较于 2017 年的立法草案，2020 年的草案并没有明确引入"被遗忘权"的概念，而是通过合并规定信息更正权和删除权的条款，间接地在我国个人信息保护的法律框架内构建了"被遗忘权"的法律基础。这种立法方式为未来"被遗忘权"的确立和细化提供了法律上的弹性空间，允许随着社会发展和实际需求的变化，对该权利进行进一步的解释和扩展。通过这种巧妙的法律设计，既保持了法律的前瞻性，又确保了在个人信息保护领域的立法能够与时俱进，满足不断变化的隐私保护需求。

2021 年 8 月 20 日，我国《个人信息保护法》正式获得通过，并于 2021 年 11 月 1 日开始实施。作为我国首部专门针对个人信息保护的立法，该法构建了较为完善的个人信息保护体系。[1] 在最新通过的《个人信息保护法》中，尽管"被遗忘权"并未立即引入，但先行确立了"删除权"。总的来说，我国在个人信息保护领域持续优化立法，旨在为广大公民打造一个安全、健康的网络环境。明确的信息变更、补充与删除权规定，有助于防止个人信息的滥用和传播，减轻对个人生活的负面影响。在享受信息发展带来的便利之际，我们应时刻关注个人信息安全，维护自身的合法权益。

四、《网络安全法》中被遗忘权的关联条款

为了保障网络经济的稳健增长并推动公民信息治理的有序进行，我国

---

① 苏宁金融研究院.《个人信息保护法》要点解读［EB/OL］.［2022-04-07］. https：//xw.qq. com/cmsid/20210924A025U600.

在 2017 年实施了《网络安全法》，旨在对国内网站的建设、运维及安全实施标准化管理。该法规第 41 条明确指出，网络服务提供者在处理权利人数据时，必须先行获得权利人的同意，且在权利人核实信息准确无误的前提下，才得以依照法律规定的程序进行信息的采集。第 42 条规定，网络运营者不得擅自泄露、篡改或破坏数据主体的个人信息数据，必须按照规定确保个人信息安全。第 43 条规定，数据主体拥有要求网络服务提供者移除那些与实际情况不符的个人数据的权利。一旦网络服务提供者接到此类请求，便应迅速采取必要的行动，以符合数据主体的要求。在这些条款中，数据主体有权要求运营商下架与当前情况不符的个人信息链接，并自行决定是否允许网络运营者收集个人信息，以保障自身权益。尽管上述条款的适用界限是受限的，仅仅针对网络服务提供者在缺乏法律或法规授权的情况下所进行的个人信息搜集活动，数据主体所拥有的删除和修改个人信息的能力并不等同于真正意义上的"被遗忘权"。即便如此，这些法律条文依然显现出我国在网络安全领域对"被遗忘权"概念的关注和探索，反映了我国法律体系在这一新兴领域中的逐步完善和发展。

另外，根据《信息安全技术公共及商用服务信息系统个人信息保护指南》，数据主体拥有要求系统停止使用并删除其个人数据信息的权利。相似地，《电信和互联网用户个人信息保护规定》也规定了电信服务提供商有责任保障数据主体的个人信息不被不正当地修改或利用，并且在数据主体提出删除请求的情况下，必须对那些非法获取的个人数据进行删除处理。这些规定均体现了我国在个人信息保护方面所做的努力，旨在确保数据主体在网络环境中的合法权益得到保障。通过明确数据主体的删除权，有助于遏制个人信息的滥用和传播，降低对个人生活的负面影响。

综览前文，可以明显看出，我国在个人数据保护的法律体系构建方面已经打下了一定的基础，并倾向于采纳一种本土化的立法策略。这一策略的核心在于，优先确立个人数据的删除权，并在特定的范畴内实施。这种

"被遗忘权"的立法精神为我国法治的进步提供了新的视角和方向，未来在构建和完善被遗忘权方面仍有诸多探索空间。

第三节 被遗忘权的权利结构

在推进被遗忘权的法定化过程中，我们首先需要明确被遗忘权的定义和权利属性，随后构建其权利结构。只有完整地构建权利结构，才能更准确地制定被遗忘权的规范，进而实现该权利的法定化。因此，本书将深入剖析被遗忘权的内部构成，明确其基本范畴，涵盖主体、客体和适用范围三个方面的内容。[①]

一、被遗忘权的主体

"被遗忘权"的概念涉及两个关键主体：权利拥有者和义务承担者。这一概念旨在明确谁有资格行使该权利以及谁应承担相应的义务。对权利主体和义务主体的明确界定具有至关重要的意义：一方面，这种界定有助于人们深入理解"被遗忘权"的内在含义；另一方面，它促进了权利与义务主体之间关系的进一步确立；最为关键的是，这种界定增强了司法操作的实际可行性，进而有助于"被遗忘权"在法律层面的有效落实。[②]

（一）权利主体

被遗忘权的权利主体是具有身份可识别性的自然人信息主体。[③]鉴于不同国家在制定关于被遗忘权的法律规范时采取的模式各不相同，权利主体的定义也展现出各自的独特性。以欧盟为例，权利主体被界定为具体或

---

① 李园. 被遗忘权的法定化研究 [D]. 长春：长春理工大学，2019：24.
② 同上.
③ 张建文，等. 被遗忘权的法教义学钩沉 [M]. 北京：商务印书馆，2020：21.

可辨认的自然人,这些自然人的身份可以通过一个或多个特定的识别因素,直接或间接地加以确认。这些标识符包括但不限于:姓名、身份信息、社会身份、网络标识、位置数据,甚至生理、心理、基因等方面的特征。在各国立法中,具有可识别性的权利主体有助于落实被遗忘权的实施,并在一定程度上平衡个人信息保护与互联网发展的需求。在美国,对于引入"被遗忘权"的概念采取了审慎的态度。根据现行法律,美国仅赋予未成年人对其个人信息的部分"被遗忘权"。不过,关于哪些年龄段的未成年人有资格行使这一权利,美国法律体系中存在分歧。一种立场是,适用于联邦法律管辖下未满十三周岁的儿童;另一种则是,仅限于加州地区未满十八周岁的青少年。在美国,对于被遗忘权的立法尚处于探讨和完善阶段,不同地区和群体之间的规定存在差异。这种谨慎的态度反映了美国在平衡个人信息保护与未成年人权益之间的关注。①

在那些法治较为成熟的国家与地区,政府机构的工作人员,尤其是公共人物的个人权利并不会得到超常的保护,同时,公民的言论自由也不会受到不合理的限制。在这样的环境中,公民可以在法律允许的范围内自由地发表各种批评性言论。②因此,有学者建议,对于公众人物、犯罪分子以及恐怖分子这些特殊群体的"被遗忘权"应当施加限制,并且在立法过程中应当对此进行审慎考量。③鉴于公众人物可能会尝试运用"被遗忘权"来抹去自己不光彩的历史,罪犯和恐怖分子也可能借机行事,企图利用该权利来从公众意识中消除他们的罪行记录。因此,在立法过程中必须对此类情况予以特别注意。另外,针对涉及未成年人犯罪的"被遗忘权"适用问题,有学者提出,鉴于受害者和未成年人属于易受伤害的群体,他们的权益应当得到特别的关照。因此,对于对未成年人实施犯罪者,不应授予

---

① Jessica Ronay. Adults Post the Darndest Things: Freedom of Speech to Our Past [J]. 46 University of Toledo Law Review, Hein Online, 2014: 73—78.

② 孙平. 冲突与协调:言论自由与人格权法律问题研究 [J]. 北京:北京大学出版社,2016: 177.

③ 郑志峰. 网络社会的被遗忘权研究 [J]. 法商研究,2015 (6):55—56.

他们"被遗忘权"的行使资格。①由此可见，对被遗忘权的权利主体进行进一步界定显得尤为重要。在界定被遗忘权的权利主体时，我们应充分关注弱势群体的权益保护，同时兼顾罪犯的合法权益。

本书认为，中国在构建"被遗忘权"的权利主体时，应当借鉴欧盟的做法，将所有自然人纳入保护范围。不过应当明确不同信息主体适用该权利界限区分，除普通群体外，那些处于优势地位的自然人，如公众人物和政府官员，其"被遗忘权"的适用范围应当受到一定的限制；与此同时，处于弱势地位的自然人，如受害者及未成年人，应当得到"被遗忘权"上的特殊保护。此外，基于被遗忘权的人格属性，其适用范围仅限于自然人，而不涵盖法人或其他组织。②这是因为企业和法人等法人组织不具备信息隐私权，相应地，在理论上也不应享有被遗忘权。当法人或其他组织的信息资料遭受侵犯时，它们可以通过主张商业秘密或财产权来寻求救济，而非涉及被遗忘权的适用情况。③

（二）义务主体

被遗忘权的责任主体是指负担消除涉及个人"不适宜、无关、过期"信息职责的主体。④在全球范围内，尽管被遗忘权责任主体的具体规定各有差异，但其涵盖的范围大体一致。例如，欧盟 GDPR 将其责任主体界定为个人数据控制者，即能够自主或委托他人收集、处理及利用个人信息的自然人或组织，包括政府和私营机构。另一方面，美国的"橡皮擦法案"对被遗忘权责任主体进行了明确，涵盖针对未成年人的互联网网站、网络服务、网络应用或移动应用的运营方，以及实际了解未成年人正在使

---

① Juliete Garside. Right to Be Forgotten Is a False Right，Spanish editor tells Google Panel，The Guardian，last modified January 5，2018. https：//www. theguardian. com/technology/2014/sep/09/right-to-be-forgotten-spanish-hearing-google.

② 张建文，等. 被遗忘权的法教义学钩沉 [M]. 北京：商务印书馆，2020：22.

③ 王泽鉴. 人格权法：法释义学、比较法、案例研究 [J]. 北京：北京大学出版社，2013：229.

④ 张建文，等. 被遗忘权的法教义学钩沉 [M]. 北京：商务印书馆，2020：22.

用其互联网网站、网络服务、网络应用或移动应用的运营方。①在 20 世纪末出台的"欧盟 95 指令"中,"数据控制者"这一概念被广泛采用。然而,伴随着时代的演进,在当前错综复杂的信息处理环境中,识别信息处理的目标与手段究竟由哪些"数据控制者"所决定已经变得愈发复杂。因此,各国有必要对"被遗忘权"的责任主体进行更深入的阐释和限定。②

本书认为,被遗忘权的责任主体可以划分为以下三种类型:

1. 传统的电信运营商

以"手机定位"作为个人信息为例,当其被界定为个人数据时,电信运营商便成为数据管理者,承担在"法定保存期限"结束后删除相关信息的义务。

2. 社交网络服务提供商

当第二代互联网（Web2.0）时代初露曙光时,法律对于微博、博客等社交网络服务提供商是否应被归类为"数据控制者"尚无明确的规定,尤其是在社交网络服务刚刚兴起之际。然而,随着欧盟"第 29 条工作小组"在其关于"数据控制者"概念的意见中,对这些社交网络服务在信息处理的目的和方式上进行了深入分析,他们最终正式将社交网络服务提供商纳入了"数据控制者"的范畴。③

3. 发布他人个人信息的网络用户

当用户在社交平台上分享涉及他人的信息时,他们便承担起了"数据控制者"的角色。以微博或微信朋友圈为例,若用户发布的内容包含他人可识别的个人信息,那么在信息主体提出删除请求的情况下,用户有义务移除这些信息。但需要注意的是,这种责任的产生是基于用户的信息处理

---

① 刘洪华. 被遗忘权立法的美国模式及其立法启示——以加州被遗忘权立法为研究背景 [J]. 时代法学, 2022 (1): 97.

② Bert-Jaap Koops. Forgetting Footprints, Shunning Shadows. A Critical Analysisi of "the Right to be Forgotten" in Big Data Practice [J]. 8 SCRIPTed, 2011: 229－237.

③ Bert-JaapKoops. Forgetting Footprints, Shunning Shadows. A Critical Analysisi of "the Right to be Forgotten" in Big Data Practice [J]. 8 SCRIPTed, 2011: 229－238.

行为并未触及"私人和家庭生活例外原则"。在"欧盟95指令"的第3条第（2）款中，有关于这一"原则"的明确规定："在纯属个人和家庭范畴内进行的信息处理活动，不受本指令的适用范围。以个人编制通讯录为例，若其包含了亲朋好友的个人信息，信息主体无权要求个人删除通讯录中的相关数据。"此外，欧盟GDPR也设定了类似的规定，对这一原则进行了重申。

二、被遗忘权的客体

被遗忘权的客体是指被遗忘权在适用时所针对的信息对象。[①]被遗忘权的对象是指在实施被遗忘权时所针对的信息主体。全球各国在立法上对于"被遗忘权"的理解和实践各有差异，这不仅体现在对于该权利的法律规定上，也反映在对权利适用对象的界定上。以欧盟的立法为例，被遗忘权的适用对象被明确为那些无须再被保留的个人信息，这包括了两类信息：一类是已经被公开的个人信息，另一类是尚未公开的个人信息。在未公开的信息中，包括了浏览器自动保存的浏览记录、网站服务器上个人主动提供的存储信息等。已公开的信息则包括：信息主体自行发布在网上的信息；信息主体发布后，被第三者复制或转发的信息；第三者发布的与信息主体相关的信息；他者发布后被第三者转发的信息，且这些信息与信息主体有关。而美国将适用被遗忘权的对象确定为未成年人已公之于众的个人信息。[②]

本书认为，被遗忘权的适用对象应确定为已曝光的数据。这些已曝光的信息又可分为两类，一是由个人所产生的个人信息，二是由他人所创作的个人信息。

第一类我们可以理解为"数字足印"，它指的是个人在数字环境中自

---

① 张建文，等. 被遗忘权的法教义学钩沉 ［M］. 北京：商务印书馆，2020：23.

② Jaclyn Kurin. Does the Internet Eraser Button for Youth Delete First Amendment Right of Others ［J］. 4 Revista de Investigacoes Constitucionais，2017：11－17.

主创造的信息。随着互联网的普及和发展，每一个网络用户都成为信息的生产者。在社交网络的推动下，用户之间的信息交流与分享形成了一个个独特的"数字足印"，这些足迹体现了人们在网络空间中积极创造的丰富数字记录。①

第二种类型的个人信息，即那些由第三方生成的数据，可以被视为个人的"数字化影子"。在社交媒体平台上，通过追踪用户的浏览活动（例如使用 cookies）来搜集个人的偏好信息，这种搜集不仅针对注册用户，甚至扩展到那些未注册的访客，仅仅因为他们在网页上点击了"喜欢"按钮，就可能被记录下他们的信息。此外，大量的数据搜集和对比分析能够生成全新的个人信息。例如，通过搜集某一个人的信息，可能会不经意间涉及其他人的数据。在社交媒体上，上传的照片可以通过"标签"功能识别出你的朋友，从而间接获取到他们的个人信息。②

在当前这个大数据盛行的时代，我们周围的信息环境越来越由他人搜集和存储的数据所构成，而非单纯由个人生成。换句话说，由他人创造的"数字化影子"在数量上远远超过了我们个人留下的"数字化足印"。这些由第三方产生的数据客体，对于如何构建和界定"被遗忘权"提供了重要的启示和思考方向。

三、被遗忘权的适用

被遗忘权的覆盖范围主要包括两部分：一是信息主体所享有的权益，二是信息控制者所需承担的责任。首先，信息主体有权要求信息控制者删除其认为"不适当、无关紧要、陈旧"的公开信息。其次，作为需承担删除责任的信息控制者，在收到信息主体的删除请求后，应对此进行审查，

---

① Bert-JaapKoops. Forgetting Footprints, Shunning Shadows. A Critical Analysisi of "the Right to be Forgotten" in Big Data Practice [J]. 8 SCRIPTed, 2011: 229—235.

② Arnold Roosendal. Facebook Tracks and Traces Everyone: Like This!, Tilburg Law School Research Paper No.0312011, last modified November 10, 2017, https://papers.ssrn.com/sol3/papers.cfm? abstract_id=1717563.

并对满足删除条件的信息进行技术处理，以确保信息主体的被遗忘权能够得以实现。①

（一）权利的行使

实施"被遗忘权"的过程，本质上是指信息主体向数据管理者提出删除特定个人信息的请求。这一过程中，信息主体的自主选择权得到了显著体现。即便是在那些看似不具备价值的信息，信息主体亦有权提出删除的要求；即便删除信息本身并不会给信息主体带来直接的好处，信息主体依然有权主张并行使自己的"被遗忘权"。信息主体拥有自主决定是否行使删除请求权的自由，他们既可以要求数据管理者履行删除信息的责任，也可以选择放弃这一要求；他们可以在遭受损害时寻求赔偿，同样也有权选择不追究赔偿责任。在欧洲联盟和美国的法律体系中，这种"被遗忘权"的自由意志得到了体现，尽管在具体实施这一权利的过程中，两种立法环境下的规定和实践存在差异。相较于欧洲联盟，美国的被遗忘权在权利主体方面的限制更多。例如，在美国加州，未成年人仅能删除自己发布的原始信息，而他人转发和转载的信息，则不在删除权利范围之内。总结来说，行使"被遗忘权"的过程充分体现了信息主体的自主选择权，赋予了他们要求数据管理者删除相关个人信息的权利。在不同国家和地区的立法中，被遗忘权的具体行使方式和范围可能存在差异，但都彰显了对信息主体在网络领域内权益的保障。在美国和欧盟的立法中，虽然被遗忘权的行使情形有所不同，但核心都在于尊重和保护信息主体的自由意志。②

本书主张，在我国，行使被遗忘权需满足以下条件：适用主体符合要求、客体为已公开的个人信息，以及主客体之间存在关联性等。关于被遗忘权的适用问题，与主客体之间的关联性紧密相关。本书认为，所谓的关联性应当从两个层面进行解读：首先，权利主体所涉及的信息已经被数据

---

① 张建文，等. 被遗忘权的法教义学钩沉 [M]. 北京：商务印书馆，2020：23.
② 刘洪华. 被遗忘权立法的美国模式及其立法启示——以加州被遗忘权立法为研究背景 [J]. 时代法学，2022（1）：97.

控制者获取、运用以及加工，这使得权利主体具备了可以被识别身份的属性；其次，数据控制者所获取、运用以及加工的信息已经对权利主体的物质和精神层面的生活造成了实质性的损害，由此引发了权利主体删除相关信息的实际需求，以期能够消除由此产生的不良影响。

如何判断关联性呢？本书认为可以从以下两个方面来确认：首先，数据控制者所搜集和运用的信息已经对信息主体造成了损害，或者正在对信息主体造成损害；其次，数据控制者所搜集和运用的信息存在潜在的风险，可能对信息主体造成损害。在这些情况下，信息主体有权通过法律手段维护自己的权益，以消除由此产生的不利影响。

总之，在我国，行使被遗忘权需符合一定条件，包括适用主体、已公开的客体和主客体之间的关联性。通过分析信息控制者与信息主体之间的关联性，可以判断是否满足被遗忘权的行使条件。当信息控制者收集、使用和处理的信息对信息主体造成实质性损害时，信息主体有权主张删除相关信息，消除不利己的影响。

（二）义务的履行

权利的拥有不仅意味着个人或实体可以采取行动保护其利益，也隐含着必须承担起与其权利相匹配的义务，无论是积极的行动还是消极的不作为。在国际舞台上，各国在制定有关"被遗忘权"的法律时，展现了多样化的立法趋势，这不仅体现在法律框架的构建上，而且在义务的具体执行和履行方面也表现出各自的特点和差异。[①]以欧洲联盟的法律框架为例，数据控制者所面临的义务主要涵盖以下几个关键点：第一，删除义务。数据控制者不仅需要去除自己公开的涉及信息主体的个人数据，还必须确保促使那些复制和转发了这些信息的第三方也进行相应的删除操作。第二，审查责任。在欧洲联盟，个人信息删除请求需经过多个层面的审核。信息

---

① 约翰·奇普曼·格雷. 法律的性质与渊源 [M]. 马驰，译. 北京：中国政法大学出版社，2012：9.

主体首先向发布者提出申请，如果申请未被批准，则向搜索引擎请求删除链接；若再次失败，方可寻求国家数据保护机构的协助；最后，若国家数据保护机构也无法解决问题，信息主体方有权向司法机关提起诉讼请求。

第三，通知责任。数据控制者在执行删除操作时，需向第三方和公众通报相关行为。然而，这种通知义务既可能引发公众对信息再次泄露的担忧，同时也担心不通知会导致公众无法了解情况。在美国的法律体系中，针对数据控制者的义务规定得更为明确和详细，这部分是由于该国的信息主体主要是未成年人这一特殊群体所决定的。依据"儿童最佳利益"原则，数据控制者所负有的具体责任涵盖了多项义务：个人信息的删除、通知、阐释、提醒以及获取父母同意等。换言之，美国针对数据控制者的通知义务规定更加详细，以保护未成年人信息主体的权益。在执行删除操作时，数据控制者不仅要遵守相关法规，还需充分履行通知责任，确保未成年人及其家长的权益得到保障。①前两项义务与欧洲联盟的规定相似。其中，"解释说明义务"强制要求服务提供商必须向未成年人清晰地阐述如何有效地从公开领域移除其个人信息；"提醒义务"规定服务提供商必须告知未成年人，尽管已采取措施删除其信息，但无法保证所有相关数据都被彻底移除；而"征求父母同意义务"则要求运营商在收集、储存、处理未成年人个人信息时，必须获得监护人明确且可验证的同意。

本书认为，中国可以参考美国"橡皮擦法案"中针对数据控制者义务履行方面的规定，使数据控制者的义务更加明确和具体。例如，强化数据控制者的提醒责任，当个人信息被第三方多次使用或转发时，通知信息主体考虑是否需要删除或隐藏该信息。这样一来，有助于提高信息主体的防范能力、选择权，并在一定程度上纾解权利主体和义务主体之间存在的对立和冲突。在此基础上，结合我国实际情况，不断完善和优化相关法规，

---

① Samuel W. Royston. The Right to Be Forgotten: Comparing U. S. and European Approaches [J]. 48 St. Mary's Law Journal, 2016: 253—271.

以保障信息主体的合法权益，促进数据处理活动合规进行。

（三）适用的例外情况

被遗忘权的适用并非全无限制。在全球范围内，通过对豁免情形的识别，对被遗忘权进行了适当的缩减，以调和被遗忘权与其他基本权利之间可能存在的冲突。在欧盟，已经明确规定了若干豁免情形，包括言论自由、公众利益、公共健康、历史和科学研究的需求、法律诉讼主张等，以保障这些权利和利益的实现不受被遗忘权的过度限制。在美国，未成年人的被遗忘权在满足以下任一条件时①受到限制。这表明，被遗忘权并非一项无条件的绝对权利，出于对公共利益的保护，对被遗忘权的行使设置一定的限制是合理的。

值得注意的是，言论自由作为一种潜在的豁免情形，其边界和适用性仍需进一步深入研究和讨论。假如在保护被遗忘权的过程中未对新闻自由进行明确区分，那么新闻媒体可能会在网络平台上不受限制地发布各类报道。即便这些报道内容真实可靠，仍有可能对公民的人格尊严和个人信息自主权造成侵害。

故此认为，在涉及公共利益的情况下，对新闻报道的个人被遗忘权可以进行限制。然而，对于那些与公共利益无关或关联性不大的新闻报道，尤其是涉及公民隐私的信息，信息主体有权主张被遗忘权的保护，并要求新闻媒体对相关内容进行隐藏或删除原始链接。

（四）侵权责任构成要件

欧盟 GDPR 的被遗忘权侵权责任采用了独特的二分法归责原则。对于数据控制者，它实施了严格的无过错责任原则，这意味着即使没有故意或过失，数据控制者也可能需要对被遗忘权侵权承担责任。然而，对于数据处理者，GDPR 采用了相对宽松的一般过错责任原则。这种归责原则的

---

① 法律有明确要求的；用户注册时未表明为未成年人；未成年用户的信息已进行匿名化处理；未成年人未在法定时限内行使删除权利；未成年人已获得相应的对价补偿。

差异在一定程度上平衡保护了数据保护与互联网行业的活力。当前，我国正处在科技基础设施建设和互联网产业发展的关键时期，在这个阶段，我们应谨慎权衡数据保护与行业发展之间的关系。过度的责任要求可能会给互联网行业带来过大的压力，进而削弱其创新和发展的积极性。因此，过度严格的要求可能削弱互联网行业的积极性。所以，我国在制定相关法规时，不宜完全借鉴欧盟的做法，而是应充分考虑各方利益平衡。另外，相较于个人信息主体，大型互联网公司具有更强的优势地位，双方地位明显不平等。在考虑个人信息主体对互联网企业过失的证明责任时，我们必须认识到这一过程可能极为复杂且困难重重。这种举证责任的设定可能会给个人信息主体带来巨大的负担，从而阻碍他们有效地维护自己的权益。鉴于此，我国在构建被遗忘权制度时，应当采纳过错推定原则，并将举证的责任进行倒置。这意味着，数据控制者和数据处理者将需要承担证明自己行为无过失的责任。通过这种方式，个人信息主体的举证负担得到显著减轻，从而降低了维权的难度。这种举证责任的倒置有助于平衡个人信息主体与互联网企业之间的权益关系。

我国在构建被遗忘权制度时，应充分考虑科技基础设施建设、互联网产业发展以及信息主体和数据控制者之间的地位平衡。借鉴欧盟的经验，同时结合我国实际情况，制定适合本土的被遗忘权侵权责任规定，确保数据处理活动的合规进行，保障个人信息主体的合法权益。在将"被遗忘权"归入适用过错推定责任原则时，我们需要深入探讨这一归责原则的具体构成。过错推定责任原则具有其独特性，这要求我们从多个方面进行考量，包括主观过错、损害结果、侵权行为以及因果关系等。

1. 侵权行为

在探讨"被遗忘权"的背景下，侵权行为被定义为数据控制者未能在数据主体行使完该权利后及时删除相关信息和数据，导致数据主体的权益受损的行为。这种行为本质上违反了数据控制者应尽的义务，因此被认为是侵权行为。在因"被遗忘权"引发的侵权诉讼中，关于侵权行为的举证责任主要由被侵权人或数据主体承担。这意味着，为了证明数据控制者或数据处理者的行为构成侵权，被侵权人需要提供充分的证据来证明数据控制者未履行其删除义务以及因此导致的损失。

2. 损害结果

根据中国《民法典》的规定，损害结果被划分为两个主要类别：财产损害，非财产损害即精神损害。在涉及"被遗忘权"的侵权案件中，这两种损害类型同样会被纳入考虑范围。然而，相较于财产损害，精神损害在这些案件中往往更为显著。比如此前在社会上引起巨大不良影响的"艳照门"事件，由于相关搜索引擎或平台未能按照受害演艺人员的要求删除涉及的信息，导致了受害者声誉、形象和事业上的严重损害。这种损害结果在社会上产生了极大的负面影响，进一步凸显了"被遗忘权"在保护个人隐私和尊严方面的重要性。在财产损害方面，我们暂且不考虑直接或间接的经济损失。重要的是，该事件对涉及的演艺人员的演艺事业产生了巨大的负面影响。这些演员原本处于事业的上升期，却因为隐私的泄露而遭受事业上的重创，犹如经历了演艺事业的"滑铁卢"。他们的演艺生涯因此遭受重大挫折，经济收入也受到严重影响，这些都是明显的财产损失。从精神损害的角度来看，这一事件给相关人员带来了巨大的心理创伤。他们不仅面临公众的指责和嘲笑，还承受着家庭和情感的巨大压力。这种压力最终导致一些人员不得不选择离婚，这无疑是对他们精神上的严重打击。这种精神损害不仅影响他们的心理健康，还对他们的家庭和人际关系造成了深远的负面影响。在启动基于"被遗忘权"的侵权法律程序中，原告或受损方负有证明伤害结果的义务。然而，由于精神损害的特殊性，其赔偿标准的判定在中国较为严格。这意味着，被侵权人或受害人需要提供充分的证据来证明其精神损害的程度和赔偿的合理性。同时，法院在判断精神损害赔偿时也会考虑个案情况和相关因素，以做出合理的裁决。

3. 因果关系

在数据控制者（或称作侵权方）未能适时或彻底执行其应尽的删除责

任，进而引起数据主体（或称作受害方）遭受财产上的损害或精神上的创伤时，可以认为二者之间存在着因果联系。然而，需要注意的是，侵犯"被遗忘权"的行为本质上是一种消极行为，即控制者没有采取积极的行动来保护主体的权利。因此，如果数据控制者能够提供证据，证明其已经按照规定及时且完全地执行了删除任务，并且损害的发生是由于信息的二次传播所致，那么可以判断，侵犯"被遗忘权"的行为与由此产生的损害结果之间并不存在直接的因果关联。在这种情况下，数据控制者已经履行了其删除责任，但损害仍然发生，这是因为信息在控制者删除后仍然被其他人传播。因此，因果关系的关键在于控制者的行为与损害结果之间的直接联系。如果控制者能够证明其已经尽到删除责任，则不应承担由此产生的损害责任。此时，数据控制者可以免除责任。这将有助于确保数据主体的权益得到合理保护，同时防止数据控制者被不公平地追究责任。

4. 主观过错

当数据主体，即遭受侵害的一方，向数据控制者，即实施侵权的一方，提出行使"被遗忘权"的请求后，如果数据控制者未能履行其删除信息的法定义务，不论是出于故意还是重大过失，都将被视为数据控制者主观上存在过错。鉴于"被遗忘权"的归责原则被设定为过错推定责任原则，因此在涉及"被遗忘权"的侵权诉讼中，除非数据控制者能够提供证据来证实自己没有过错，否则法官将会默认数据控制者存在故意行为。在一般情况下，数据控制者可以通过证明其在执行职责时已经履行了合理的谨慎和注意义务，以此来证明自己并未犯有过错。例如，执行国家公共权力机构的命令或为维护社会公共利益所采取的行动，均可作为证明的依据。

综上所述，被遗忘权的核心宗旨在于将那些曾经过合法途径公开的个人信息重新纳入隐私保护的范围之内，其目的在于捍卫信息主体的人格权益，防止其遭受进一步的侵害，从而使其个人生活得以恢复至原有的安宁状态。被遗忘权的确立，不仅维护了个人的人格尊严，而且彰显了"信息自主权"的理念，即个人对于自己的信息拥有决定权和控制权。然而，在实施这一权利的过程中，不可避免地会涉及多方利益的平衡。一方面，个人信息的删除可能会对新闻媒体等实体的言论自由权利造成一定的限制；另一方面，信息的消除会导致原本公开的信息从公众的视野中消失，这无疑会影响公众对世界的认知，从这个角度来看，这在一定程度上侵犯了公众的知情权。在当今的大数据时代，信息数据已经上升为商业机会的关键掌控要素。个人信息的中断删除，在某种程度上，会对信息管理者造成利益损害，从而引发信息主体对"信息自主权"的诉求与信息管理者利益之间的对立。随着大数据时代的逼近，政府的管理手段正在逐步演变，从传统的线下管理方式转向依赖大数据分析来执行管理任务，以期达到公共利益的最大化。然而，这种管理手段的演变对于被遗忘权的实际执行提出了挑战，导致个人的"信息自主权"与追求公共利益的目标之间发生了冲突。

探讨如何在维护信息自主权的同时，兼顾言论自由和公众知情权的相互作用，以及如何在个人信息自主权与信息控制者的利益或公共利益之间找到平衡点，是当前法律实践中亟待解决的问题。本书提出，在将被遗忘权法律化的过程中，应当借鉴比例原则，以确保各方利益的均衡；在未来的司法实践中，应当遵循个案平衡原则，以此来调和不同权利之间的冲突，并确保权利与公共利益之间的和谐共存。通过这样的方法，可以有效地解决被遗忘权实施过程中可能出现的权利冲突问题，同时保障公共利益的实现。

第三章　域外的被遗忘权立法

第一节　欧盟被遗忘权的立法保护

被遗忘权的概念及其法律化的进程主要源自欧洲，这与欧洲各国对信息保护的广泛关注密切相关。此后，欧洲颁布的许多数据保护相关法律都与被遗忘权息息相关，它并非空穴来风的权利，而是伴随着各国对信息保护的重视逐步发展起来的。早期的欧盟基本权利宪章便已包含了相关观念。考虑到欧洲在人权保护和隐私权维护方面的历史背景和传统，被遗忘权在欧洲联盟及其成员国范围内的推进相对较为顺利。接下来，本书将详细阐述欧盟在被遗忘权领域的一些典型立法例证。

一、欧盟被遗忘权制度的相关重要立法

（一）欧盟数据保护指令（简称"95 指令"）对被遗忘权适用的规定

被遗忘权理念的发展成熟与互联网技术的迅猛发展密切相关。在 20 世纪之末，随着互联网技术的兴起，全球数据传递的方式发生了革命性的变化，信息传播的速度和范围得到了极大的扩展，但与此同时，这也对网络环境的安全性提出了更高的要求，加剧了网络空间安全保护的挑战。1995 年，为了应对新技术带来的信息保护难题，欧盟发布了《欧盟数据保护指令》（简称"95 指令"），其中部分条款明确了公民享有删除部分不再适用的个人信息的权利。这些法律规定的实施表明，个人信息安全问题

已逐步受到欧洲各国重视；同时，作为被遗忘权的法律前身，这些法规为被遗忘权的确立奠定了法律基础。①

"95 指令"为数据主体明确规定了若干项权利，涵盖了接入权、携带权、拒绝权以及获得救济权等诸多方面。例如，第 12 条授予了数据主体"接入权"，明确规定了在数据信息的完整性与准确性出现瑕疵时，数据主体有权对数据处理活动进行修正、删除或阻止。第 14 条所规定的"拒绝权"条款明确指出，在具备合法依据的前提下，数据主体有权在特定情形下拒绝个人数据的处理，尤其是那些旨在进行营销活动的个人数据处理。②这两项法律条文授予了数据主体拒绝和删除个人数据的权利，这些权利在"网萨雷斯诉 Google"案件中直接被引用作为裁决的依据。

"95 指令"作为欧盟数据信息处理的核心法规，其所确立的数据主体权益以及对数据控制者的责任要求，初步勾勒出了被遗忘权的基本框架。该指令明确规定了数据主体享有的权益以及对数据控制者的责任要求。数据主体享有对个人数据信息的控制权，包括对数据的收集和使用进行监督的权利。此外，数据主体还有权要求查询、修改和删除被收集的信息。以此观之，"95 指令"与个人信息自决的理念相符，它授予信息主体在特定情况下的个人数据删除权，这可以看作是被遗忘权的初步体现。

虽然"95 指令"作为 20 世纪末期的立法成果表现出了其时代先进性，但它仍然不可避免地带有一定的限制性。在第 12 条（b）款中提到的"删除权"，其适用范围被限定在"违反指令规定的数据处理活动"，也就是说，只有在个人数据的完整性和准确性遭受破坏时，数据主体才有权行使删除权。换言之，数据主体可以请求删除那些非法处理、不完整或不准确的数据信息，但对于那些合法处理、真实但已不再适用且可能对数据主体产生负面影响的数据信息，则不在删除权的覆盖范围之内。第 14 条所

---

① 张建文，高完成. 被遗忘权的本体论及本土化研究 [J]. 吉首大学学报（社会科学版），2016，37（3）：76−81.

② 刘敏敏. 欧盟"个人数据保护指令"的改革及启示 [D]. 重庆：西南政法大学，2014：5.

确立的"拒绝权"在实际应用中同样面临一定的制约。在数据主体已经明确给出同意、数据处理是为了合同执行等六种具体情形下,数据主体的拒绝权将受到相应的限制。显而易见,"95 指令"并未直接确立被遗忘权,而仅仅是初步勾勒出了这一权利的理念。然而,它依旧为被遗忘权未来的扩展打下了坚实的基础。在"95 指令"实施之后,被遗忘权的观念开始逐步获得重视。该指令的出台,使得被遗忘权这一概念开始为人所熟知。

(二)《通用数据保护条例》(GDPR)对被遗忘权适用的规定

随着网络技术的不断进步和发展,"95 指令"的局限性开始逐步显现出来:一方面,在欧盟内部,不同成员国之间的数据保护法律规范存在冲突,这给企业带来了巨大的困扰。这种法律环境的混乱削弱了企业的积极性,从而严重阻碍了经济效率的提升。这种状况不利于企业的正常运营和发展,也制约了整个欧盟内部市场的经济活力;另一方面,在现行的保护机制下,社会公众普遍对企业缺乏信任,他们在网络购物时极为谨慎,以防个人隐私泄露,这种安全感的缺失在一定程度上限制了商业的健康发展。因此,欧盟计划实施一项具有直接法律效力的条例,以取代"95 指令",并确保其适用于所有成员国。

面对这一形势,2012 年 11 月,作为欧洲联盟的行政执行部门,欧盟委员会提出了《通用数据保护条例(草案)》,制定该草案的目的是对 1995 年的数据保护指令进行更深层次的改进与更新。草案中的第 17 条明确了"被遗忘和删除的权利"。该条款规定数据主体有权要求数据控制者删除与其相关的个人信息,特别是针对未成年人数据主体的情形。[①]在随后的立法进程中,欧盟对《通用数据保护条例(草案)》进行了细致的修订工作。此次修订中去除了对未成年人权益的特别强调,以及"被遗忘"概念的直接引用,从而更为明确地界定了信息主体在个人信息保护事宜中的主导地位。这些法律规定的执行反映了被遗忘权在欧盟法律架构中受到

---

① 杨立新,韩煦. 被遗忘权的中国本土化及法律适用 [J]. 法学论坛,2015(2):25.

的特别重视，并最终确保了被遗忘权作为一项有效的个人信息保护民事权利的地位得以稳固。[①]《通用数据保护条例》（GDPR）的引入，象征着被遗忘权理论的发展与完善。尽管如此，直到"冈萨雷斯案"在欧盟最高法院的裁决结果揭晓，被遗忘权才从理论阶段转入实际应用，作为一项具备操作性的民事权利在欧盟法律体系中获得了认可。[②]

2016 年 4 月，欧盟正式投票决定采纳《通用数据保护条例》（简称GDPR）。至此，具有普遍约束力的 GDPR 正式取代了 1995 年的"指令"，极大地加强了对个人数据的保护及监管，成为网络时代和大数据背景下关键的数据保护法律，该法规涵盖了三个核心内容。首先，数据主体理应掌握对个人数据的决定权，这意味着他们有权决定自己的数据如何被使用和分享。其次，数据泄露知情权是法规的另一个重要方面，它确保了数据主体在数据泄露发生时能够及时获知并采取相应措施。最后，被遗忘权也是该法规的关键元素之一，它赋予数据主体请求删除或匿名化处理其相关个人数据的权利。这些规定在促进大数据产业发展的同时，也充分保障了个人数据的安全和隐私权益。

GDPR 第 17 条第 1 款详述了"被遗忘权"在六种特定情况下的适用。[③]同时，第 2 款明确了删除的程度和范围。[④]在第 3 款中，明确了被遗忘权不适用的一些例外情形：当数据删除会妨碍信息表达自由，或涉及健

---

① 杨立新，韩煦. 被遗忘权的中国本土化及法律适用 [J]. 法学论坛，2015（2）：24—34.

② 西班牙《先锋报》曾于 1998 年刊登了一条关于冈萨雷斯的财产被强制拍卖的公告，这条新闻的网上链接被 Google 公司所收录。时隔 15 年，该链接依然有效并能够通过"冈萨雷斯"关键词搜索得到。冈萨雷斯认为该信息早已经失去了时效性，与现实状况不符，且该信息的存在有损其个人名誉，故要求 Google 公司删除相关链接。欧盟法院于 2014 年 5 月 13 日对该案做出终审判决，冈萨雷斯胜诉，判决要求 Google 公司作为数据的实际控制者应承担起删除一些不合时宜的个人信息的责任。这个案件的判决标志着被遗忘权在欧盟法律中正式被确立，这对解决当代互联网技术引发的数据安全问题具有重要的意义。同时，该判决也是欧盟《一般数据保护条例》中关于被遗忘权的相关规定第一次被欧盟法院所阐述而适用于法律实践，对被遗忘权的发展具有里程碑式的意义。

③ 于靓. 论被遗忘权的法律保护 [D]. 长春：吉林大学，2018：78.

④ 根据第 17 条第 2 款的规定，数据控制者不仅要删除他们网站上所控制的这些信息，而且还必须"采取一切合理的措施，包括技术性的手段，通知正在处理这些数据的第三方，数据主体要求其删除关于这些数据的任何链接、副本或复制"。

康问题、科学研究、司法程序、法律规定等社会公共利益，以及因历史重要性上升而具有社会关注价值，需要保存这些数据时，数据控制者无须删除这些数据。[①] GDPR 独具匠心地正式确立了被遗忘权，并具体规定了数据控制者在特定情形下必须立即删除相关数据信息，且不得有任何延误的责任。相较于 2012 年草案中的第 17 条，新条例删去了"尤其是数据主体是未满 18 周岁未成年人时"的特定情形描述，从而强化了被遗忘权对所有信息主体的普遍适用性，无论其年龄如何。GDPR 进一步规定，法院和公权力机构做出的最终判决，亦可以作为数据主体申请删除相关数据信息的法律依据，从而为实施被遗忘权提供了更为明确的操作路径。[②]

毫无疑问，GDPR 的施行确立了一个关于个人数据保护的高标准法律典范。这一条例不仅在欧盟内部产生了深远的影响，也对欧盟以外的国家产生了积极的辐射效应。这一权利的确认是对个人隐私权的有力保障，也为其他国家在制定相关法律法规时提供了重要的参考依据。在未来，随着数据保护需求的不断增长和技术的发展，各国之间的法律交流与合作将更加密切，GDPR 的影响和借鉴意义也将更加凸显。

二、欧盟被遗忘权制度的优势与局限

（一）优势

欧盟更加重视信息自主权的保障，被遗忘权的概念源自隐私权，并受到了欧盟数据保护法规的深刻影响。在接下来的分析中，我们将深入探讨欧盟如何在言论自由与信息自决权之间寻求平衡的立场，并从多个角度审视这一问题。

首先，在欧洲联盟的法律体系中，个人数据的保护被赋予了基本人权的地位，它不仅仅是一项普通法律权益，更是在宪法层面被赋予的重要权

[①] 张建文，等. 被遗忘权的法教义钩沉 [M]. 北京：商务印书馆，2020：110.
[②] 夏燕. "'被遗忘权'之争——基于欧盟个人数据保护立法改革的考察" [J]. 北京理工大学学报，2015（2）：130.

利。这种权利的重要性被放置于经济利益之上，体现了欧盟对于个人隐私和数据的尊重和保护。在与言论自由的保障进行比较时，社会普遍倾向于优先考虑基于尊严的隐私权保护。作为欧洲联盟的基石性法律文献，《欧盟基本权利宪章》确立了欧盟公民拥有"人的尊严不可侵犯"的核心人权。在该宪章中，第 7 条着重强调了个人隐私权的保障，而第 8 条则明确指出欧盟数据保护是一项基本原则，进而将个人信息的保护界定为一项基本权利。[①]

其次，在欧洲法院的司法裁决中，法院并没有赋予"被遗忘权"超越其他权利（例如表达自由、公共利益）的地位，将其确立为一种至高无上的超级权利。相反，被遗忘权并非绝对权利，需要在可能产生的权利冲突中进行权衡。在个人数据存储不再满足其处理初衷，或者出现数据不准确、不恰当、不相关或不适宜的情形时，应当采取"逐案考虑"（ad hoc）的原则进行适当调整。在"冈萨雷斯案"中，尽管欧洲法院已经要求Google 去除与西班牙公民不再相关的信息，但该院并没有以个人数据保护为依据，强制要求报纸修改其存档内容。相反，采取的是移除不相关、过时的链接而非删除新闻内容的方式。实际上，对于西班牙公民的数据，其获取渠道依然保持开放，但获取方式不再如此便捷，这已足够尊重公民的隐私。[②]

另外，"个案平衡""逐案考虑"至关重要，保护个人数据权利与言论自由权利皆非绝对，必须在互联网用户的利益与个人的基本权利之间找到一个公正的平衡点。欧盟已经清楚地阐明，无论是在网络空间还是在现实世界中，表达自由都伴随着责任和限制。因此，一方面，平衡须基于涉及信息的性质，即个人信息对个人隐私生活以及公众谋取信息利益的敏感程

---

① Lawrence Siry. Forget Me, Forget Me Not: Reconciling Two Different Paradigms of the Right to Be Forgotten [J]. 103 Kentucky Law Journal, 2014：311—315.

② European Commission, Factsheet on the "Right to be Forgotten" Ruling (C-131/12), http://ec. europa. eu/justice/data-protection/files/factsheets/factsheet _ data _ protection _ en. pdf, 2017-12-24.

度。另一方面，平衡也取决于涉及信息主体的人格，被遗忘权并非旨在使知名人物减色或让罪犯摆脱罪责。[①]

最后，欧盟数据保护法规的根本宗旨在于，一方面，确保个人对其个人信息的自主权，另一方面，坚定不移地捍卫言论自由和新闻自由的权利。值得关注的是，2016 年正式实施的 GDPR 第 85 条以及 2012 年 GDPR（草案）第 80 条均规定，各成员国应通过其国内立法机制，对数据保护与言论自由之间的相互关系进行适当的调整和平衡。由此可见，欧盟在立法过程中不仅着重于个人数据保护与表达自由之间的均衡，还需要通过划分删除的程度以及限定特定主体的权利范围来约束被遗忘权的行使边界。

（二）局限

GDPR 中被遗忘权制度的局限体现在以下几个方面：

第一，GDPR 并未明确区分"擦除权"（删除权）与"被遗忘权"。GDPR 第 17 条的标题为"擦除权（被遗忘权）"［right to erasure（right to be forgotten)］，但对于删除权与被遗忘权的关联并未作出更明确的划分。GDPR 第 17 条第 2 款规定了当数据已公开时，数据控制者基于删除义务、通知义务等应当采取的合理应对措施。GDPR 的第 17 条第 1 款涉及未经公开的个人数据处理事宜，该条款明确规定了相应的处理原则。因此，GDPR 的适用范围既包括已经公开的个人数据，也涵盖尚未公开的个人数据。更准确地说，尚未公开的个人数据应被纳入"删除权"的适用范畴，而已公开的个人数据则是"被遗忘权"立法要点的核心所在。此外，GDPR 在处理数据的初始合法性方面并未作出明确区分，无论是合法还是非法的数据处理行为。值得注意的是，在第四种和第五种情形下，由于数据处理自始便是非法的，因此数据主体有权要求删除相关数据。而在其他

---

① European Commission. Factsheet on the "Right to be Forgotten" Ruling（C-131/12），http：//ec. europa. eu/justice/data-protection/files/factsheets/factsheet _ data _ protection _ en. pdf，2017-12-24.

四种情形中，数据处理最初是合法的，但随着数据主体撤回同意、反对进一步处理等，数据处理的合法性依据随之丧失。尽管在 GDPR 的标题中提及了"擦除权（被遗忘权）"这一表述，但在实际操作中，这种模糊的界限源于欧盟立法过程中对"删除权"与"被遗忘权"关系的混淆。

第二，GDPR 中被遗忘权的适用条件和范围仍具有一定的模糊性。虽然 GDPR 第 17 条第 1 款对信息主体有权要求网络信息控制者删除个人信息的六种具体情形进行了详细阐述，但是鉴于网络信息的庞杂性，从信息内容的视角分析，对于哪些信息应该被遗忘权制度所覆盖，哪些信息应保留在互联网上，这一界限在实际操作中往往难以准确界定。这不仅涉及个人隐私的保护，还涉及公共利益、言论自由等多重因素的权衡。例如，根据 GDPR 第 17 条第 1 款第 1 项的规定，一旦个人的数据被收集或处理，且对于实现相关目的变得不再必要，数据主体便拥有要求删除这些数据的权利。然而，在实践中，如何界定"不再有必要"以及"不相关、不正确、已过时"的具体标准却显得相当含糊，这导致了诸多操作上的难题。例如，在面临需要删除的信息与公众知情权相冲突的情况时，必须在保障被遗忘权和尊重公众知情权之间进行权衡。在这种情形下，公众可以依据 GDPR 第 17 条第 3 款的豁免条款，即"为促进公共健康领域的公共利益而进行的数据处理"，来支持其反对删除信息的立场。这一现象表明，关于被遗忘权的适用条件和范围的规定仍然存在一定的不明确性，这在司法实践中导致了需要进行深入和大量的案例分析，从而对司法实践构成了显著的挑战。[①]

第三，GDPR 针对侵犯被遗忘权的数据控制者实施了较为严格的过错推定责任原则。被遗忘权并未将责任转嫁给数据主体，数据主体无须提供删除数据的前提条件，也无须证实网站发布的信息侵犯了其权益或构成了

---

① 卢冰洋. 欧盟《通用数据保护条例》中被遗忘权制度研究［D］. 上海：上海师范大学，2020：21.

诽谤。相反，数据控制者必须始终保持警觉，全面负责把关。值得注意的是，尽管 GDPR 为被遗忘权提供了一定的法律基础，但它并未提供一个指导性的框架，以指导数据控制者如何处理以下三个关键问题：首先，对于数据相关性丧失的具体时长，以及在没有明确法律依据的情况下，如何确定数据的保留期限，还有如何准确界定数据的不相关或不再相关性状态，这些问题目前尚无明确的答案。其次，依据 GDPR 的规定，除非信息受到法律明确例外的保护，否则信息主体拥有对个人信息的控制权。这一规定可能会诱使数据控制者在处理历史数据时进行修改，或者在法律条文不明确的情况下做出决策。第三，哪些数据删除请求符合豁免条件？某些欧盟法律条款对表达自由的含义及其限制进行了说明，然而，这些泛泛的标准难以应对每年如潮水般涌现的大量数据删除请求。例如，GDPR 第17 条第 3 款仅提供了一个原则性的框架："只要数据的保留遵循了欧盟及其成员国的法律要求，并且与公共利益和个人数据保护的核心目标相一致，数据控制者便有法定义务继续保留这些数据。"尽管如此，欧盟委员会并未提供一个统一的操作模式，也未明确数据控制者应如何平衡不同因素，这些挑战依旧留给数据控制者自行解决。①

第四，欧盟的 GDPR 法规在实现"被遗忘权"方面并未达到预期效果。首先，行使"被遗忘权"并不能彻底清除原始网页，而只是阻止搜索引擎的链接，这种措施无法使数据真正消失，从而无法实现"被遗忘"的目标。根据 GDPR 的规定以及冈萨雷斯诉 Google 的案件裁决，我们可以了解到，实现方式是删除搜索引擎中的相关链接，使搜索关键词不再显示这些链接的搜索结果。然而，这种操作无法消除已经合法发布在网络上的原始信息，发布这些信息的媒体并不承担删除相关信息的义务。任何网络用户仍然可以在未经许可的情况下，通过原始网页对相关信息进行复制。如今，自媒体行业的快速发展和传播方式的多样化，使得其传播速度和范

---

① 于靓. 论被遗忘权的法律保护 [D]. 吉林：吉林大学，2018：81-82.

围都超过了搜索引擎的能力。因此，我们可以得出结论，在互联网时代，一旦数据被上传，就无法永久删除。个人信息主体应享有何种程度的被遗忘权，其深远影响仍待进一步探究。其次，针对含有特定信息的搜索引擎链接的删除工作，还必须应对跨国界的挑战。以"西班牙诉 Google 案"为例，原告请求移除最初出现在《先锋报》上的相关内容，并要求 Google 删除相应的搜索链接。尽管如此，法院仅支持了 Google 公司关于禁止使用原告姓名作为搜索关键词所产生的网页结果的请求，这意味着被删除的链接仅限于 Google 在欧洲的本地化网站，而不包括位于美国总部的 Google 网站。就好比在德国，某个特定的链接在 Google.de 上可能无法检索到结果，但如果通过 Google.com 进行搜索，该链接却可能轻易地被找到。尽管 GDPR 增加了跨境适用的规定，但欧洲境外的国家是否承认和实施这一权利仍然不得而知。[1]

三、欧盟被遗忘权的发展方向

观察欧盟的"95 指令"、欧盟第 29 条数据保护工作组[2]发布的细化被遗忘权操作适用的执行指南[3]，以及 GDPR 的立法观念进行分析，可以预见到未来的发展趋势——在维护经济发展和数据自由流动的同时，还需保障用户的人性尊严和个人信息安全。

第一，所有人都应具备被遗忘权益，然而，在欧盟各国以及其他国家在对删除内容的界定上，存在明显的分歧。在某些欧盟成员国，特定信息

---

① 卢冰洋. 欧盟《通用数据保护条例》中被遗忘权制度研究 [D]. 上海：上海师范大学，2020：22.

② Article 29 Data Protection Working Party, Guidelines on the Implementation of the Court of Justice of the European Union Judgment on "Google Spain and Inc. v. Agencia Espanola de Protection de Datos（AEPD）and Mario Costeja Gozalez" C-131/12，2014，pp. 13—20.

③ 2014 年"冈萨雷斯诉 Google 案"后，搜索引擎公司收到大量删除链接请求，在立法、司法经验不足的现状下，欧盟第 29 条数据保护工作组发布了相关指引来细化被遗忘权适用时的操作。根据该指引，可以删除的个人信息只针对那些与个人姓名相关的搜索结果页面，对于那些来自其他搜索项的信息源的附带链接并不会被删除，同时还提出了确定信息是否具备可删除性的 13 条具体评判标准。

可能需要被移除，而在其他成员国，同样的信息却可以继续留存。这种不统一的现象对于欧盟成员国之间以及与其他国家之间的协同发展产生了负面影响，导致在欧洲范围内信息公开的复杂性增加。因此，为了将被遗忘权的适用范围扩展到全球，各国之间在信息删除的标准上需要达成一致，以便形成统一的规范。

第二，在冈萨雷斯案件的裁决中，法院明确指出，对于公众人物而言，其被遗忘权的行使应当受到一定的制约。从价值冲突和权益平衡的角度来考虑，首先，为了维护公民的言论自由权和公众的知情权，有必要对欧盟现行的被遗忘权规定进行适度的调整，尤其是针对政府官员和公众人物，他们的被遗忘权应受到一定的制约，以确保他们能够接受公众的监督；其次，基于《欧盟基本权利宪章》第 24 条所阐述的"未成年人利益最大化"原则，欧盟应当为未成年人提供特别的被遗忘权保护措施，并且应当制定专门的法律来保护未成年人的个人信息。

第三，在欧盟未来的数据保护改革进程中，寻求利益平衡是一项至关重要的任务。这意味着需要在经济增长和个人数据保护之间找到一个恰当的平衡点，以实现双方利益的兼顾。欧盟并未将个人数据的安全性视为无条件的最高价值，而是综合考量了经济的健康发展、数据的自由流动等多个方面的因素。在制定被遗忘权的相关规则时，欧盟展现出深思熟虑且审慎的态度，不仅对适用范围和执行方法进行了清晰的界定，还对例外情况进行了详细的列举。这种做法体现了欧盟在维护个人数据权利方面的专业性和务实性。

第二节　美国被遗忘权制度的相关立法

相较于欧洲在被遗忘权领域的迅速进展，美国在此方面的进展显得较为迟缓。基于美国宪法第一修正案的规定，美国民众高度重视言论自由。相较于隐匿和删除信息，美国似乎更注重信息的披露以及对信息完整性和准确性的维护。①进入 21 世纪初期，美国开始更加关注个人信息的保护，同时公众对个人信息保护的意识也逐渐提高。为应对互联网发展引发的信息安全威胁，美国采取了部门立法的策略来维护个人数据的安全，并依靠市场机制以及行业内部的自我监管来强化个人信息的保护框架。与欧盟采用的集中立法模式形成对比，美国关于被遗忘权的立法分散在各州的隐私保护法规之中，各州的隐私保护法规各自为政，没有形成一个统一的法律体系。值得注意的是，美国关于被遗忘权的立法主要关注未成年人的权益保护。②

一、美国未成年人被遗忘权的立法保护

(一)《儿童在线隐私保护法》对被遗忘权适用的规定

1998 年，美国立法机关批准了《儿童在线隐私保护法》（简称 COPPA），旨在加强对未成年人网络隐私的防护。COPPA 的核心目标是保护未成年人在网络环境下的隐私权益，确保其可识别的个人信息安全。为了达到上述目的，COPPA 法案采纳了父母授权原则，以此对未成年人信息的收集进行规范，确保父母能够对子女个人信息被收集的行为实施有效监管。1999 年，美国联邦贸易委员会（FTC）颁布了《儿童在线隐私保护条例》，作为执行 COPPA 法案的具体规则和指导方针。③ COPPA 及其施行细则的核心要义涵盖了如下几点：第一，该法案明确界定了其保护的主体群体，即 13 岁以下的儿童。关于未成年人的个人信息的定义，该法案涵盖了包括但不限于全名、网名、居住地址、地理位置信息、社会保障号码、视觉和音频资料等多种能够识别未成年人身份的敏感数据。④ 第二，

---

① 阿丽塔·L. 艾伦，理查德·C. 托克音顿. 美国隐私法：学说、判例与立法 [M]. 冯建妹，译. 北京：中国民主法制出版社，2004：7.

② 贾欢. 被遗忘权本土化制度构建研究 [D]. 扬州：扬州大学，2021：21.

③ Alexis M. Peddy. Dangerous Classroom Apptitude：Protecting Student Privacy from Third-Party Educational Service Providers [J]. BYU Education & Law Journal，2017：125－133.

④ Jaclyn Kurin. Does the Internet Eraser Button for Youth Delete First Amendment Right of Others [J]. 4 Revista de Investigacoes Constitucionais，2017：11－17.

在涉及儿童个人信息的收集、利用与公开过程中，法律要求服务提供商必须获取儿童父母或法定监护人的明确同意，且此同意需经过验证。此外，服务提供商有责任向父母或法定监护人清晰披露其子女个人信息将被如何收集、使用和分享，包括是否会被传递给第三方。同时，所收集的个人数据必须仅用于收集时所声明的特定目的。[①] 第三，根据 COPPA 的规定，服务提供商必须遵守家长或法定监护人的指示，移除儿童的个人信息，并且不得继续搜集或运用该未成年人的数据。此外，COPPA 为防止商业网站和在线服务针对未满 13 周岁的未成年人搜集个人信息提供了额外的保障措施。[②]第四，COPPA 法案针对两类主体实施了行为规范：一类是那些直接向未成年人提供商业网站和在线服务的运营商；二类是那些虽然服务于一般公众，但知晓其信息来源，包括未成年人的网站和在线服务提供商。

随后，FTC 对 COPPA 的执行细则进行了更新。首先，它扩展了个人隐私的保护范围，将个人信息的定义扩展到包括但不限于全名、居住地址、社会保障号码、肖像、录像、地理位置数据等，这样的修改使得 COPPA 的防护范围得到了进一步的扩大。COPPA 的适用范围被扩展至更多的商业实体。这包括那些通过插件或广告手段搜集儿童信息的公司。尽管如此，COPPA 的实施效果并未完全达到预期。未成年人可能会提供不真实的信息以绕过家长的同意。采用学校同意代替家长同意的做法并不利于未成年人的保护。此外，一些网站为了规避 COPPA 的规定，选择禁止未成年人登录，这种做法可能会对未成年人的网络使用权益产生不利影响。[③]

（二）加州第 568 号法案对被遗忘权适用的规定

2013 年 6 月 23 日，加利福尼亚州正式实施了《加利福尼亚州未成年

[①] Alexis M. Peddy. Dangerous Classroom Apptitude：Protecting Student Privacy from Third-Party Educational Service Providers [J]. BYU Education & Law Journal，2017：125−135.

[②] Jaclyn Kurin. Does the Internet Eraser Button for Youth Delete First Amendment Right of Others [J]. 4 Revista de Investigacoes Constitucionais，2017：11−17.

[③] Stephen J. Astringer. The Endless Bummer：California's Latest Attempt to Protect Children Online Is Far Out（side）Effective [J]. 29 Notre Dame Journal of Law，Ethics & Public Policy，2015：285.

人隐私权法》（第 568 号法案），该法案亦被广泛称为"橡皮擦法案"。该法律的制定在美国未成年人被遗忘权制度的建立上具有里程碑意义，代表了对未成年人网络隐私保护的标志性进展。[①]

相较于欧盟的 GDPR 第 17 条，第 568 号法案对被遗忘权的限制更为严厉。该法律文本由第 22580 条和第 22581 条两个部分组成：第 22580 条主要针对向未成年人发送广告的网络平台或其他在线服务提供商的行为进行了规范；而第 22581 条则授予加利福尼亚州的未成年人在网络平台或其他在线服务中，对于其个人信息的永久删除权。[②]加利福尼亚州第 568 号法案的第二个条款，亦即"橡皮擦法"，要求网络企业必须提供一个"易于操作"的途径，使未成年用户能够移除他们在网络上发布的个人信息或内容。对此法案，立场各异。然而，有观点提出，这一规定可能激发所谓的"史翠珊效应"，反而促使未成年用户更频繁地分享个人隐私信息。[③]

加利福尼亚州第 568 号法案中的第 22580 节（d）款明确规定了该法案的适用范围，仅为"未成年人"提供保护，即未满 18 周岁的加州居民。[④]第 22581 节（a）款对未成年人被遗忘权的法律化进行了详尽的说明，它具体界定了服务提供商的义务，这些义务主要分为四个关键领域：a. 信息删除义务。b. 通知义务。c. 解释说明义务。运营商有义务向未成年人清晰地阐述删除相关信息的方法。d. 提醒义务。[⑤]

---

① Meg Leta Ambrose, Jef Ausloos. The Right to be Forgotten Across the Pond [J]. 3 Journal of Information Policy, 2013（1）：13.

② James Lee. SB 568：Does California's Online Eraser Button Protect the Privacy of Minors? [J]. 48 University of California, Davis Law Review, 2015：1173－1176.

③ Samuel W. Royston, The Right to Be Forgotten：Comparing U. S. and European Approaches [J]. 48 St. Mary's Law Journal, 2016：253－272.

④ essica Ronay. Adults Post the Darndest Things：Freedom of Speech to Our Past [J]. 46 University of Toledo Law Review, 2014：73－78.

⑤ a. 信息删除义务。在未成年人在运营商的网站、在线服务、在线应用、移动应用上注册成为用户之后，相关运营商应根据未成年人的要求，删除其发布的个人信息。b. 通知义务。运营商需要告知未成年人，并认真解释其有权要求运营商删除发布的个人信息。c. 解释说明义务。运营商有义务向未成年人清晰地阐述删除相关信息的方法。d. 提醒义务。运营商需提醒未成年人，无法保证完全详尽地删除相关数据信息。

自 2015 年 1 月 1 日起，加州第 568 号法案正式实施。与儿童在线隐私保护法案（COPPA）相比，加利福尼亚州第 568 号法案对未成年人网络信息安全的保护范围进行了扩展。为了保障未成年人在网络空间不受损害，该法案在多个关键领域取得了创新和进展：

第一，为了防止未成年人接触不良网络广告，儿童在线隐私保护法案（COPPA）通过授权家长对网站运营商的信息搜集活动进行监管，以保障 13 岁及以下儿童的安全。在搜集、应用或公开儿童的个人资料过程中，网络服务提供商必须获得家长的同意。然而，加利福尼亚州的"橡皮擦法案"将保护未成年人的职责直接赋予了运营商而非家长，从而明确了运营商的具体责任，并扩展了原有的保护范畴。该法案禁止运营商为了通过广告向未成年人推广非法物品而搜集他们的网络个人信息。

第二，未成年用户获得了删除或修改其公开信息的法律权力。加利福尼亚州的"橡皮擦法案"强化了对网络空间中未成年人个人信息保护的重视。这种加强保护的原因在于，大多数未成年人在社会心理发展的早期阶段，往往在自我审视之前就已经开始在网上进行自我表达。鉴于他们认知能力的局限性，未成年人在网络上的自我展示可能缺乏充分的认识和判断，因此，他们需要法律赋予的被遗忘权来撤回不慎公开的信息。在美国，超过三分之一的公司人事部门在招聘过程中会审查应聘者的社交媒体，寻找不良行为记录或负面评论，这可能成为不予录用的理由。同样，在大学入学申请中，招生办公室也会考虑申请者在社交媒体上的言论。被遗忘权使得未成年用户能够清除或修正网络上的个人信息，以塑造一个更加积极的网络形象，有助于他们在教育和职业上的发展。[①]

第三，加利福尼亚州第 568 号法案对受保护主体的范围进行了显著扩展。原有的儿童在线隐私保护法案（COPPA）仅涵盖不超过 13 岁的儿

---

① Brian Geremia. Chapter 336：Protecting Minors' Online Reputations and Preventing Exposure to Harmful Advertising on the Internet [J]. 45 McGeorge Law Review，2013：433－440.

童，而新法案则将保护伞扩展至所有未满 18 岁的未成年人。这一变化旨在补充 COPPA 在保护范围方面的局限性。根据美国的数据，95％的 12 至 17 岁青少年经常使用互联网，若仅依赖 COPPA，他们的隐私权和个人信息保护将不够充分。研究显示，14 至 17 岁的青少年更倾向于在网络上分享照片、人际关系和电话号码。有些青少年甚至公开自己的位置信息，这为从事市场营销的运营商提供了利用这些信息的机会。因此，加州第 568 号法案的制定目的是更全面地保护和维护未成年人的合法权益。[①]

比较而言，加州的"橡皮擦按钮"与多数社交媒体网站现有的"删除按钮"在几个关键方面存在差异：首先，橡皮擦按钮的删除力度更大，可以实现永久删除；其次，经营者承担告知义务，使用户能轻松找到删除按钮，确保信息有效删除。加利福尼亚州第 568 号法案体现了对未成年人最佳利益的坚定承诺。但鉴于该法案无法删除他人已转发、重新发布或编辑的个人信息，其作用可能较为有限。[②]与欧盟较为广泛的被遗忘权保护措施相比，美国的相应法律框架在保护范围上显得更为狭窄。值得关注的是，加利福尼亚州第 568 号法案的施行可能诱发一系列潜在的问题。首先，部分网站可能会出于对法案的抵触，而选择限制未成年人登录，这种做法对未成年人个人信息自主权的保护构成了障碍。其次，该法案与商业保留条款之间的冲突可能会对其他州企业的市场竞争力和发展造成不利影响。最后，法案的施行可能对言论自由领域产生一定的副作用。[③]

二、美国被遗忘权制度的优势与局限

（一）优势

在美国与欧盟的立法理念对比中，一个显著的差异是美国更加注重对

---

① Stephen J. Astringer. The Endless Bummer: California's Latest Attempt to Protect Children Online Is Far Out (side) Effective [J]. 29 Notre Dame Journal of Law, Ethics & Public Policy, 2015: 273.

② Jaclyn Kurin. Does the Internet Eraser Button for Youth Delete First Amendment Right of Others [J]. 4 Revista de Investigacoes Constitucionais, 2017: 11—19.

③ E. Wesley Campbell. But It's Written in Pen: The Constitutionality of California's Internet Eraser Law [J]. 48 Columbia Journal of Law and Social Problems, 2015: 583—587.

言论自由的维护，同时对被遗忘权可能对言论自由造成的潜在风险持有极高的警觉性。相关规定表明：

首先，美国对言论自由的强调是建立在宪法基础之上的。[①]在美国，言论自由被视为一项重要的宪法权利，并在法律体系中得到了充分保障。在价值位阶上，言论自由具有优先地位，成为美国文化的一个重要特征。因此，民众拥有表达自己观点的自由权利。

其次，法院拥有对可能侵犯言论自由的法律进行司法审查的权力。1996 年，美国立法机关颁布了"通讯规范法"，该法律中的特定条款将网络上的不当言论划归刑事犯罪。不过，美国联邦最高法院基于宪法第一修正案的规定，裁决该条款与美国宪法相抵触，进而宣布其作废。这一裁决凸显了美国对言论自由的极高重视，以及立法必须经受的严格司法审查过程。在司法实务中，法院将社交媒体平台运营商视同于新闻出版者，从而使得这些平台发布、编辑的内容以及用户上传的信息均受到法律的同等保护。[②]

最后，美国法律体系以保障言论自由为基础，将对其的限制视为特殊情况。美国社会对言论自由的任何限制都保持高度的关注和警惕。网络言论自由的推动促进了互联网的发展壮大，然而，它与隐私权之间也存在着一定的矛盾和冲突，这就要求在价值判断上进行适当的权衡和选择。[③]埃里克·波斯纳提出，美国已经承认了被遗忘权的存在，并且应当平衡宪法第一修正案与隐私权之间的相互关系。[④]美国最高法院已经积累了大量的法律理论，用以阐释和分析"隐私权"的概念。尽管如此，"隐私"这一术语并未在美国宪法中明确被提及。美国宪法第一修正案所保障的言论自

---

① 美国宪法第一修正案明确指出，国会不得通过任何法律来限制言论自由或出版自由。

② Jaclyn Kurin. Does the Internet Eraser Button for Youth Delete First Amendment Right of Others [J]. 4 Revista de Investigacoes Constitucionais，2017：11—21.

③ Woodrow Hartzog，The Value of Modest Privacy Protections in a Hyper Social World [J]. 12 Colorado Technology Law Journal（2014）333，p. 347.

④ ohn W. Dowdell. An American Right to Be Forgotten [J]. 52 Tulsa Law Review，2017：311—337.

由范围异常广泛。无限制的言论可能对隐私权构成威胁，未经授权的个人信息发布或搜集可能触犯公众的隐私权益。只要成年人和儿童的个人信息是准确无误的，美国法律并不禁止其公开传播。与美国相比，欧盟对言论自由的监管更为严格。①

（二）局限

美国高度重视对言论自由的维护，对被遗忘权的态度与欧盟有所区别，对潜在威胁言论自由的被遗忘权保持高度警觉。因此，美国通过扩展隐私权的范畴，为全体公民的被遗忘权提供保障。遵循"儿童最佳利益原则"，美国在保障未成年人被遗忘权方面采取了"独立立法"的手段，具体而言，是在针对未成年人制定的法律中明确规定了"限制主体"的被遗忘权。美国对被遗忘权的立法保障存在以下局限性：

一方面，就适用范围而言，加州的"橡皮擦法案"仅限于加州境内有效，这可能会对跨州商业活动产生压力，增加企业运营成本，并可能对经济发展和创新产生负面影响。在修订《儿童网络隐私保护法案》的过程中，尽管被遗忘权成为一个热议的话题，但联邦立法机构并未接纳"不跟踪孩子法案"中关于被遗忘权的相关立法建议，这一决定反映出美国在个人信息权利保护方面的复杂性和多元性。截至目前，美国尚未形成一个全国性的被遗忘权制度。其次，关于权利主体，美国的规定过于抽象，被遗忘权的权利主体范围并不广泛，加州"橡皮擦法案"仅保护未满18周岁的未成年人。这意味着，在不同的州和地区，可能会有不同的法律和实践，这无疑增加了企业在全国范围内合规的难度和成本。

另一方面，在考察美国的立法模式时，我们可以发现其倾向于针对特定部门进行特殊立法，而非制定全面统一的个人信息保护法。这种做法有其独特之处，但同时也带来了一些挑战。美国的部门立法模式往往针对特

---

① Gertrude N. Levine，Samuel J. Levine. Internet Ethics，American Law，and Jewish Law：A Comparative Overview［J］. 21 Journal of Technology Law & Policy，2016：37－45.

定人群，例如未成年人或消费者等，这使得法律更加具体和有针对性。然而，这种模式也可能导致法律之间的不协调和冲突。由于缺乏全面统一的个人信息保护法，不同的法律之间可能会出现竞合现象，这无疑增加了法律适用的复杂性和不确定性。① 此外，这种立法模式还可能导致法律的不完整性和漏洞。由于缺乏全面统一的个人信息保护法，某些领域可能没有得到充分的法律保护，或者在某些情况下，法律的保护可能不足以应对新出现的威胁和挑战。

三、美国被遗忘权的发展方向

美欧在处理被遗忘权问题上存在显著差异。美国倾向于强调言论自由的保护，并对被遗忘权可能对言论自由产生的威胁保持高度警惕。这一立场反映了美国宪法第一修正案对言论自由的重视，以及美国对个人自由的尊重。

在美国，被遗忘权的发展方向主要涉及以下几个方面：

第一，应当采纳一种普遍适用的立法方针，使得在法律创立过程中不对成年人与未成年人进行区别对待，而是通过一部综合性的法律来同时维护成年人和未成年人的被遗忘权。这意味着在制定相关法律时，不应区分成年人和未成年人，而是通过一部统一的法律来共同保护他们。这种策略有助于确保法律的公平性和一致性，避免因年龄差异而产生的法律空白或冲突。

第二，考虑到美国的具体国情，应当制定一项全国性的、适用于所有州的被遗忘权保护法规，该法规不应受企业所在地地理位置的制约。目

---

① 2011 年，美国两党国会隐私核心小组联合主席、众议员马基（Edward J. Markey）和巴顿（Joe Barton）首次提出该法案，希望通过修订 1998 年制定的《儿童在线隐私保护法》（the Children's Online Privacy Protection Act of 1998），强化和更新有关收集、使用和披露儿童个人信息的规定，并对儿童和青少年的个人信息建立新的保护制度，其中之一即是赋予未成年人被遗忘权。法案提出，企业和网络服务提供者应该为孩子创建"删除按钮"，在技术可行的情况下允许未成年用户删除公开发布的个人信息。

前，"橡皮擦法案"仅在加利福尼亚州生效，这给加州与其他州之间的商业往来带来了额外的压力。通过制定一项联邦级的统一法律，可以解决各州法律碎片化、不协调和不确定性问题，这样的法律将确保在全国范围内实现一致的保护，降低企业的合规成本和压力。通过制定全国性的被遗忘权法规，可以减少各州之间的法律差异和冲突，提高法律的透明度和可预测性。

第三，对于未成年人被遗忘权的保障，应当扩展其保护范围。目前，加州的"橡皮擦法案"仅涉及未成年人主动发布的信息，但对于那些由他人发布或转发的、涉及未成年人的个人信息，该法案并未明确规定删除的权利。由于难以对信息的转载和再次上传进行有效监管，这可能导致立法目的难以实现。在平衡未成年人保护与言论自由的关系时，我们应当优先考虑未成年人的利益。以他们的最佳利益为准则，他们应当拥有在特定条件下要求删除第三方发布的、与己相关的信息数据的权利。这样的规定有助于更好地保护未成年人的隐私和权益，降低他们在互联网上受到不当信息侵害的风险。

第四，关于未成年人个人信息的保护，应当根据不同年龄阶段采取分级保护措施。对于年龄不足 13 周岁的未成年人，信息收集应当遵循父母同意的原则。这一原则可以参考欧盟通用数据保护条例（GDPR）第 8 条的规定，该条例将父母同意原则适用于未满 16 周岁的未成年人。各成员国可以根据自身实际情况设定更低的年龄限制，但最低不得低于 13 周岁。

第三节　其他国家和地区的立法实践

在欧洲联盟对隐私被遗忘权的维护框架下，个人信息主体被赋予了管理其数据的权力。这种对隐私被遗忘权的保护在全球层面上已经引起了广泛的注意。从 20 世纪 90 年代开始，世界各地的许多国家和地区的立法机构开始着手制定本地的个人信息保护法规，这些法规旨在强化公民的信息安全。当然，全球各地对于隐私被遗忘权的立场各异。目前，大多数国家对此表示支持，其中以英国、俄罗斯、澳大利亚、韩国以及中国香港特别行政区等国家和地区为代表。

一、英国

1988 年，英国在个人信息保护的领域迈出了关键性的一步，正式颁布并实施了《个人数据保护法》。该法律的制定宗旨在于维护个人数据的安全和合法权益，并对数据控制者的相关行为进行规范。法案中的第 14 条尤其受到关注。该条款授予了司法机关裁决的权力，使其能够要求数据控制者对涉及数据主体不准确的信息进行必要的更正或删除。此条款的目的在于保证个人信息的准确性，避免因错误信息造成的不必要麻烦或损害。此外，该条款还突显了司法机关在维护个人信息方面的关键作用，并为数据主体提供了一个有效的法律救济渠道。显然，依据英国的法律体系，数据主体仅有权要求删除不准确的信息，而对于真实且合法公开的信息则无权要求其删除。虽然这一规定与"隐私被遗忘权"的概念不完全一致，但英国通过立法手段确立了一种与"隐私被遗忘权"精神相契合的新型权利。2012 年，当欧盟提出通用数据保护条例（GDPR）的草案时，各成员国对这一重要议题持有不同的观点和立场。在这一关键时期，英国政府采取了明确的反对立场，对 GDPR 的草案持保留意见。随着时间的推移，英国政府开始重新审视其在数据保护和被遗忘权方面的立场。2017年 8 月，英国发布了一份重要报告，题为《新的数据保护法案：我们的改革》，宣布了其计划制定一项新的数据保护法案。这一法案标志着英国在数据保护方面的独立行动，不再完全依赖于欧盟的立法框架。新法案的制定旨在确立英国国内的"被遗忘权"，为公民提供更加全面和有力的个人信息保护。这一转变反映了英国政府对数据保护和公民隐私的重视，同时也体现了英国在数字时代对法律制度创新的积极态度。[①] 2018 年 4 月 14 日，英国首例"被遗忘权"案宣判。此案中，原告 NT1 与 NT2 两位商人因涉嫌商业犯罪被判刑。被告为 Google 公司。原告主张，Google 搜索引擎的检索结果不准确，这些信息"既过时又与公共利益无关"，继续披露侵犯了他们的合法权利，要求删除并赔偿损失。法院权衡各方利益后，驳回 NT1 诉求，认可 NT2 的"被遗忘权"。该判决意味着英国法院首次确认了被遗忘权存在，为英国被遗忘权发展取得突破性进展。对英国数据主体而言，被遗忘权的司法确立为强化网络环境中个人数据的自控提供了现实的法律基础。[②]

二、韩国

韩国的互联网发展堪称迅猛，其宽带用户比例高达 98.8％，这一数字在全球范围内居于领先地位。[③] 鉴于这种高度普及的互联网环境，政府深知网络安全的重要性，并致力于保护网络用户，特别是那些新兴的舆论参与者。为了实现这一目标，韩国建立了一套完善的网络安全管理法律体系。这套法律体系不仅涵盖了个人信息保护的相关法规，如韩国国会2020 年最新通过的《个人信息保护法》，还涉及推动信息化和信息通信的基本法律，如《推动信息化基本法》和《信息通信基本保护法》。这些法律共同确保了网络环境的安全和用户权益的维护。[④] 总的来说，韩国的网络安全管理法律体系是其互联网快速发展的坚实后盾。这一体系不仅确保了网络环境的安全，还为网络用户提供了全面的法律保障，为他们在信息化社会中的权益保驾护航。2007 年，为了加强网络环境的监管和保障信

---

① 解读英国新数据保护法：脱欧后的信息安全"补丁" [EB/OL]. [2022-06-03]. http://www.sohu.com/a/164760183_99894831.

② 孙晋威. 论英国被遗忘权的发展及对我国的启示 [J]. 网络信息法学研究，2019 (2)：175.

③ 中洁网. 中国互联网用户数 7.21 亿全球第一，韩国普及率 98.8％居首 [EB/OL]. [2022-06-03]. http://www.jieju.cn/News/20160918/Detail792114.shtml.

④ 于靓. 论被遗忘权的法律保护 [D]. 吉林：吉林大学，2018：105.

息通信网络的健康利用，韩国正式实施了《促进信息通信网络利用和信息保护法》（通常称为"信息通信网络法"）。该法的核心目标是在全国范围内推行网络实名制，通过这一制度来规范网络行为，遏制网络虚假信息和恶意行为的传播。然而，随着信息技术的飞速发展，互联网在处理个人信息方面的能力得到了极大的提升。这使得原有的监管策略面临新的挑战和考验，韩国监管模式从网络实名制与专项法律变为废除网络实名制。2012年对《促进信息通信网络利用和信息保护法》的修订版中，新纳入了与数据主体"被遗忘权"相关的条款。根据该法律的规定，当互联网用户在一定期限内未使用任何信息和通信服务时，服务提供商必须承担起彻底删除该用户个人信息的责任。这一权利的引入，旨在保护互联网用户的个人信息安全，确保其能够行使对自己个人信息的控制权。"信息通信网络法"还规定，用户和服务提供者不得将侵犯隐私或诽谤等侵犯他人权利的信息散布到信息通信网络，以保护信息主体的权利（第44条）。此外，如果在信息通信网络上公开的信息侵犯了他人的权益，例如隐私侵犯或诽谤等，受侵犯人需要明确提出侵权事实，并请求信息通信服务提供商删除相关内容，或者要求发布反驳信息。这是为了保护受害人的权益，确保其能够行使对自己权益的保护权。同时，这也提醒服务提供商在处理此类问题时应当遵守法律规定，履行相应的责任。因此，当信息通信服务提供者收到上述请求后，他们必须马上采取必要的删除或临时措施，并及时通知申请人和信息发布者。（第44条第2项）[1] 上述可见，韩国在保护被遗忘权方面，采取了直接立法的方式。

三、俄罗斯

在俄罗斯联邦，一项旨在建立被遗忘权法律框架的立法提案于2015

---

① 유충호，Yu hung-Ho. 잊힐권리의민사법적쟁점과입법론적연구 [J]. Chung-Ang Journal of Legal Studies，법학논문집제42집제1호，2018：111－164.

年 5 月 29 日被提交至议会进行审阅。该提案被命名为"被遗忘权法"，其核心宗旨在于在俄罗斯境内奠定被遗忘权的法律根基。该提案的主要修订对象包括《信息、信息技术与信息保护》等联邦法律，以及其他相关的联邦法律文件。该被遗忘权法的推出，目的在于应对互联网时代信息传播的快速与广泛，为个人数据的保障提供更为坚强的法律支持。通过授予个人对其信息的管理权限，以及删除不精确、不相关或过时的数据，该法案旨在调和个人的隐私权益与信息自由流动之间的平衡。但是，该提案中关于被遗忘权的最为激进的版本在俄罗斯的 IT 界引起了广泛的质疑和反对声音。反对者们指出，该提案在个人隐私权的保护与信息自由流动之间并未找到一个恰当的平衡点。首先，该提案将搜索并删除相关链接的义务完全加诸搜索引擎的服务提供商，这无疑将给他们带来巨大的工作压力和责任，以保障信息的准确性和合规性。这种责任分配可能会导致搜索引擎提供商承受不必要的重负，进而对互联网服务的效率以及用户体验产生负面影响。其次，该提案要求服务提供商删除超过三年历史的网络链接，即便这些信息是真实且准确的（除了涉及犯罪活动的信息以外）。这一规定可能会引发一些争议，因为它将删除的责任完全推给了服务提供商，而忽略了信息发布者的责任。再者，该提案对于个人基于姓名请求删除搜索结果的行为并未设立任何限制。也就是说，个人可以随时要求删除与他们的姓名相关的搜索结果，不论这些结果是否包含误导性或虚假信息。这种不受限制的删除请求有可能对互联网信息的完整性和可靠性构成威胁，从而影响公众对互联网信息的信任度。在法案送交至立法机构之后，立法机构的成员、总统府的高级官员以及网络企业的代表举行了一系列的会议，就法案的修改进行了深入的讨论。这些讨论中提出的一些修改建议被及时地纳入到了下一个立法周期的听证会日程中。

2015 年 7 月 13 日，俄罗斯总统正式签署了编号为"264"的联邦法案。根据该法案的规定，自 2016 年 1 月 1 日起，俄罗斯公民将拥有"被遗忘权"。这项权利赋予了公民权利，使其能够要求互联网搜索引擎的管理员停止提供特定链接。这一法案的实施，明确了"被遗忘权"的定义，并为公民在网络空间中的个人信息安全提供了法律保护。[①]该法的初衷在于规范搜索引擎提供的错误或无实质性价值的禁止传播的公民个人信息，从而创设新的机制。然而，该法的核心目标实际上是维护公民的人格尊严。[②]俄罗斯和欧盟在被遗忘权的立法结构上存在差异。在俄罗斯的法律体系中，被遗忘权的制度化在实体法和程序法两个维度上均有显著体现，共同构筑了被遗忘权落实的坚固法律基石。实体法方面，被遗忘权的规定主要融入了民法典与信息保护法的相关条款，确立了个人在信息自决权和个人隐私保护方面的法律权益，以及实施被遗忘权的具体路径和前提条件。根据这些法律，个人可在其个人信息遭受不当处理或泄露时，依法主张删除或修正相关信息，以维护个人隐私和尊严。程序法方面，被遗忘权的行使与民事诉讼法的规定密切相关，为个人提供了行使被遗忘权的途径和保障机制，确保在寻求信息删除或更正的过程中获得公正、有效的法律救济。民事诉讼法对被遗忘权诉讼的管辖、程序和举证责任等提供了明确指导，为个人在维护自身权利时提供了充分的法律支持。俄罗斯采取分别立法的策略，将实体法与程序法相融合，为被遗忘权的实施打造了全面而有效的法律体系。这种立法模式既提供了信息保护领域的一般性原则和要求，又对具体案例的适用范围和诉讼管辖等细节问题给出了明确指引。此外，该模式还确认了被遗忘权的域外效力，保障个人在跨国环境中也能获得相应的法律保护。俄罗斯在立法上明确界定被遗忘权，并采纳实体法与程序法相结合的立法策略，为其他国家提供了可贵的参考。[③]

四、澳大利亚

最初，欧盟实行的被遗忘权对澳大利亚并未立即产生影响。但是，随

---

① Ruslan Nurullaev. "The Right to Be Forgotten in the European Union and Russia: Comparison and Criticism", Higher School of Economics Research，2015：181－182.

② 张建文. 俄罗斯被遗忘权立法的意图、架构与特点 [J]. 求是学刊，2016 (5)：103－104.

③ 张建文. 俄罗斯被遗忘权立法的意图、架构与特点 [J]. 求是学刊，2016 (5)：102.

着全球化的不断推进，澳大利亚公司在海外的活动日益频繁，尤其是在欧盟地区的业务增长。在此背景下，澳大利亚公司开始收到欧盟用户关于删除网络信息的请求，这些请求通常涉及个人隐私保护和数据安全等议题，对海外运营的公司构成了挑战。面对这种情况，澳大利亚政府并未简单地照搬欧盟的被遗忘权制度，而是根据本国的法律框架和具体情况进行了深入的研究和讨论。经过审慎考虑，澳大利亚制定了一项类似于被遗忘权的权利——"删除权"。这一权利的设立是为了保护个人在互联网上的隐私和数据安全，允许个人要求移除不准确、不完整或不必要的信息。[①]澳大利亚的"删除权"与欧盟的"被遗忘权"虽然在某些方面有共通之处，但在适用范围上有所区分。两者都旨在删除已经公开的信息，不论这些信息的收集、储存或处理是否符合法律规定。这一共性体现了对个人隐私和数据安全的共同关注，以及对公开信息控制和影响的重视。然而，澳大利亚的"删除权"仅针对数据主体自己公开的信息，而欧盟的"被遗忘权"则包括第三方公开的与数据主体相关的信息。与美国加州第568号法案中未成年人被遗忘权的规定相似，澳大利亚的"删除权"也仅授予数据主体删除自己公开信息的权力，而不包含对他人信息的删除权。虽然澳大利亚的"删除权"没有完全等同于欧盟所倡导的"被遗忘权"，但澳大利亚通过立法手段创立了一项与"被遗忘权"观念一致的新型权利，而并未仅仅依赖于司法判例来推动"被遗忘权"的发展。这样的立法方式使得"删除权"在保障个人信息安全方面具有更强的可操作性和现实意义。

五、日本

日本的被遗忘权概念是通过一系列司法判决和意见逐步确立的。其

---

① "Alison Cairns, Australia Right to be forgotten in the interest era who has it and does it apply in Australia", Dan Brush, Colin Biggers & Paisley, last modified February 3, 2018, http://www.mondaq.com/australia/x /323680/data＋protection/Right＋to＋be＋forgotten＋in＋the＋internet＋era＋who＋has＋it＋and＋does＋it＋apply＋in＋Australia& email ＿ access＝on.

中，一个著名的案例是一名日本男子发现自己在某搜索引擎的搜索结果中出现了过去的犯罪记录。他以人格权遭受侵犯为由向东京法院申请临时禁令，要求删除该链接。在这个案件中，东京法院认为搜索引擎显示的结果侵犯了该公民的隐私权。尽管这名男子已经服刑完毕，不再是罪犯的身份，但搜索引擎的搜索结果仍然显示了关于他过去犯罪的信息，这歪曲了他目前的社会地位。因此，法院作出了一个具有里程碑意义的裁决，要求搜索引擎商删除47条相关搜索链接中的11条。尽管这个案件并没有明确提出被遗忘权的概念，但它体现了被遗忘权的核心思想，即"删除个人已公开、不相关、过时的个人信息"。这个判决为日本的被遗忘权确立了重要的先例，并为后续的相关案件提供了重要的法律参考。为了细化被遗忘权的实施，2015年3月，某搜索引擎的日本分支发布了一项关键的指导方针，目的是推动互联网行业就"网络搜索结果信息删除标准"达成一致。该标准不仅为搜索引擎提供商提供了清晰的指引，同时也加强了数据主体的权利保障。

根据该标准，搜索引擎提供商在处理用户删除搜索结果链接的请求时，必须进行严格的审核。在此过程中，数据主体的属性是一个关键考量点。这表明，对于不同属性的数据主体，搜索引擎提供商在处理删除请求时会呈现出不同的态度和行动。对于未成年人等易受伤害的群体，搜索引擎提供商更加重视隐私权的保护。如果搜索结果中包含了未成年人的个人信息或敏感数据如病历，搜索引擎提供商将迅速移除这些信息，以防对数据主体造成进一步的伤害。这种做法体现了对弱势群体的特别关怀和保护，有助于维护社会的正义和公平。相反，对于公职人员、公众人物等特定群体，搜索引擎提供商在处理删除请求时会采取更为谨慎的态度。如果数据主体是公职人员或公众人物，并且请求删除涉及犯罪记录等不良信息，搜索引擎提供商会出于保护公众知情权的考虑，慎重决定是否删除。这种做法有助于保障公众的知情权和监督权，确保信息的透明和公正。通过行业自律的方式，这一标准的实施为互联网的健康发展提供了坚实保障。它不仅规范了搜索引擎提供商的行为，还促进了互联网行业的自我管理和自我约束。这种自律机制有助于平衡各方利益，保护个人隐私权和公众知情权，为互联网的持续发展奠定坚实基础。

总的来说，该搜索引擎日本分支发布的"网络搜索结果信息删除标准"指导方针是一项关键的行业自律举措。它通过规范搜索引擎提供商的行为，确保了互联网的健康成长，并实现了个人隐私权和公众知情权的平衡保护。这一标准的实施对于互联网行业的自律和自我约束具有深远意义，为互联网的持续发展提供了坚实支持。[1]

六、中国香港地区

1996 年，中国香港地区政府颁布并实施了《个人资料（隐私）条例》，该条例旨在保护公民的个人隐私和信息安全。为了确保法规的有效实施，中国香港还成立了个人资料隐私专员公署，专门负责监管该条例的执行情况。随着时间的推移，个人信息保护的需求和挑战也在不断变化。为了应对这些变化，2009 年，香港特区政府公布了一份名为"检讨《个人资料（隐私）条例》咨询文件"的文档，旨在审视和修订现行条例中涉及敏感个人信息的条款。这份咨询文件引发了社会各界的广泛讨论和反馈，为条例的修订提供了重要的参考意见。经过修订的新版《个人资料（隐私）条例》在 2013 年开始正式执行。新条例的核心目标更加明确，即阻止公民个人信息被无序使用和滥用，以加强对个人隐私的保护。为了实现这一目标，新条例在第 26 条中规定，如果数据使用者持有的个人资料已经不再用于原始目的，除非满足以下两种情况之一，否则数据使用者应采取可行措施删除该数据：一是删除被禁止；二是保留数据符合公共利益。这一修订标志着中国香港在个人信息保护方面迈出了重要的一步。通过加强数据使用者的责任和义务，以及对敏感个人信息的保护，新条例有

---

① 张红.人格权总论［M］.北京：北京大学出版社，2012：79.

助于维护公民的个人隐私和信息安全，促进社会的和谐与稳定。

这表明，中国香港地区在个人信息保护方面，通过直接立法的方式，明确了被遗忘权的法律地位和保护要求。这一立法方式的选择，不仅体现了中国香港地区对个人信息保护的重视，也反映了其对国际上个人信息保护趋势的关注和回应。通过直接立法，中国香港地区确保了个人的被遗忘权在法律层面上得到有效保障，同时也促进了信息的合理流动和利用。

在被遗忘权的适用范围上，各国立法主要关注信息控制者和信息主体。在义务主体范畴内，要明确数据控制者和数据处理者的区别。各国对被遗忘权适用主体的年龄和资格认定不同。多数国家将信息的可删除性视为前提条件，包括不准确、与收集目的无关或不再相关的信息。在适用对象方面，各国对被遗忘权行使的权利主体并无较大争议，但对义务主体和权利客体存在明显争议。欧盟的被遗忘权法规未明确规定信息控制者和信息处理者的特性和认定标准，为裁判者提供较大自由裁量空间。对于互联网运营商、第三方网站和搜索引擎公司等，它们应是信息处理者还是信息控制者？删除应达到什么程度？需要删除与申请主体直接相关的特定网页数据，还是包括所有链接？信息主体有无权利删除第三人提供的信息？这些问题在欧盟的被遗忘权制度中未明确规定，其他国家和地区也缺乏相应规范。①

---

① 高俊. 被遗忘权的适用范围问题研究 [D]. 重庆：西南政法大学，2017：16－17.

第四章 中国被遗忘权的本土化立法问题

现阶段，我国法律体系尚未对被遗忘权概念作出明确规定，相关讨论分布在各类法律、法规和行政文件中。在法律体系内，关于被遗忘权的阐述呈现分散特点。有必要对我国被遗忘权立法现状进行梳理，剖析当前中国被遗忘权本土化发展的实际难题，从而更好地结合实际情况制定相应对策，完善我国被遗忘权法律保护。

第一节 中国被遗忘权的立法争议

一、现行法中被遗忘权保护的暗合条款

（一）GDPR 中被遗忘权适用范围的规定

欧洲联盟的通用数据保护条例（GDPR）第 17 条第 1 项条款中，对个人信息主体规定了一项权利，即在六种具体的情形下，该主体有权向网络信息处理者提出删除其个人数据的请求：①当个人信息在收集或处理过程中已不再符合目的时；②当数据主体撤回同意时；③当数据主体不同意其个人数据的处理时；④当个人信息数据遭到非法处理时；⑤当出于欧盟或成员国法律规定的控制者义务，个人数据必须被删除时；⑥当涉及未成年人保护的个人数据处理时。①

---

① General Data Protection Regulation Article 4 （11），来源于 https：//gdpr-info.eu/art-4-gd-pr/. 访问日期：2022/5/4.

另外，根据 GDPR 第 17 条的规定，第 3 款详细阐述了在五种特定的情况下，个人信息主体将不拥有向网络信息处理者提出删除其个人数据信息的请求权：①当涉及言论和信息自由权的行使时；②当数据控制者依法履行职责，或基于公共利益执行特定任务，或行使职权而进行的数据处理时；③当为实现公共事业领域的公共利益所需进行的数据处理时；④当行使被遗忘权将严重影响公共利益、科学相关研究、统计目的的实现时；⑤当以提起诉讼或应诉为目的时。①

（二）中国《个人信息保护法》中"删除权"的相关规定

为了维护个人信息的完整性和准确性，以及保障个人信息自决权，个人信息保护法第 47 条在民法典规定的基础上，进行了更为详尽的阐述和规定。这一修订不仅是对原有法律条款的完善，更是对被遗忘权在中国本土化实践的一次重要探索。②从立法上来看，中国《个人信息保护法》也如欧盟 GDPR 立法模式一样，既规定了"删除权"的适应情形，又规定了"删除权"不能适应的情形，属于被遗忘权在现行法中的暗合条款。

根据《个人信息保护法》第 47 条的规定，在符合法定情形时，信息处理者有义务删除个人信息，同时信息主体也相应地享有请求删除的权利。③在法定情形下，个人信息处理者应主动删除个人信息。若个人信息处理者未主动删除，信息主体则有权要求个人信息处理者删除其个人信息。④

此外，《个人信息保护法》中的第 47 条第 2 款明确了两种删除权的例外情况：一是法律法规或行政规章所规定的保存期限尚未结束；二是从技

---

① General Data Protection Regulation Article 17（3），来源于 https：//gdpr-info. eu/art-17-gd-pr/. 访问日期：2022/5/4.

② 王利明. 论个人信息删除权［J］. 东方法学，2022（1）：42.

③ 《个人信息保护法》第 47 条适用的法定情形：一、处理目的已实现、无法实现或者为实现处理目的不再必要；二、个人信息处理者停止提供产品或者服务，或者保存期限已届满；三、个人信息处理者保存个人信息的期限已经届满；四、个人撤回同意；五、违反法律、行政法规或当事人的约定处理个人信息。

④ 王利明. 论个人信息删除权［J］. 东方法学，2022（1）：43.

术层面上讲，删除个人信息难以实施。[①]

二、被遗忘权在中国的立法争议

（一）被遗忘权本土化的争议

起源于欧洲的被遗忘权，现已在全球范围内逐渐发展成为一套相对完善的权利体系。这一现象引起了众多国家的关注，并纷纷开始探讨如何在本土法律体系中引入并确立该权利。在我国，随着法治建设的不断深入，关于被遗忘权的问题也日益受到法学界和社会的广泛关注。学者们针对是否应引入被遗忘权以及如何在与现行法律文化环境协调发展的基础上发挥其作用，进行了深入的探讨和研究。关于在中国法律体系中是否应当引入被遗忘权这一概念，国内法学界存在分歧。部分学者主张，被遗忘权是维护公民个人信息和隐私权的关键工具，应当在我国法律框架内得到确认并广泛实施。然而，也有学者提出，引入被遗忘权应当细致考量我国现行的法律体系和文化背景，以确保不会与现行法律规范发生冲突，或引发不必要的法律混乱。简言之，在被遗忘权引入问题上，以洪丹娜、蔡培如等为代表的研究专家分为两种观点，一是反对引入的阵营，二是支持引入的阵营。

1. 反对说

对于反对将被遗忘权本土化的学者而言，他们中的许多人质疑该权利本身的合理性，或者认为将其整合进中国的法律体系中并不必要。首先，需要评估一项权利是否应当存在，关键是考虑其背后的价值意义。只有当某种价值观念值得通过法律手段进行维护，并且已经获得广泛的认可和尊重时，将其上升为法律权利的必要性才得以成立。有观点指出，利益转化为权利的过程必须同时符合两个条件：一是利益需符合社会道德规范；二是为确保利益实现，实践中需具备相应的条件和能力来创造相应义务。因

---

① 王利明. 论个人信息删除权 [J]. 东方法学, 2022 (1)：44.

此，为了判断被遗忘权所涉及的利益要素是否满足前述条件，必须深入探讨以下两个问题：①我们必须明确被遗忘权所追求的利益是否具有充分的合理性。被遗忘权旨在保护个人信息安全和隐私权，确保个人在信息时代能够掌控自己的个人信息。这一权利的合理性在于，随着信息技术的发展和社交媒体的普及，个人信息的保护变得越来越重要。被遗忘权的引入能够为公民提供一种有效的法律手段，防止个人信息被滥用或泄露。②我们需要评估现行的法律权利框架是否足够包含被遗忘权的内涵。在我国现有的法律体系中，已经存在一些与个人信息保护相关的法律法规，如《个人信息保护法》等。然而，这些法律法规主要是针对个人信息收集、使用和披露等方面的规定，而被遗忘权涉及对个人信息的控制和删除等方面的权利。故此，我们需要考虑是否在现有法律体系中增加被遗忘权的相关规定，以确保个人信息的全面保护。①通过深入探讨以上两个问题，我们可以对被遗忘权在我国法律体系中的必要性进行评估。如果被遗忘权的引入能够更好地保护公民的个人信息安全和隐私权，并且与其他法律权利相互补充、协调发展，那么我们可以在法律体系中确立该权利。反之，如果被遗忘权的引入存在不合理性或与其他法律权利存在冲突，我们则需要在进一步研究和完善相关法律法规的基础上，谨慎对待被遗忘权的引入。

关于第一个问题，部分学者直接否定"被遗忘权"作为一种权利的存在，更不必说本土化的问题。他们主张遗忘是人类的心理行为，因此被遗忘权仅是虚构的概念，不能实际体现。观察欧洲被遗忘权的发展轨迹，我们可以发现，数十年来，该权利与言论自由以及公共利益的利益冲突并未得到妥善解决，这一现象揭示了该权利本身所面临的众多难题。②此外，根据欧盟《一般数据保护条例》（GDPR）的相关规定，被遗忘权适用于所有成年权利主体。这意味着，成年人在数字世界中拥有要求删除个人信

---

① 洪丹娜．大数据时代被遗忘权的合法性证成［J］．华南理工大学学报（社会科学版），2021（1）：75．

② 卓力雄．被遗忘权中国适用论批判［J］．长白学刊，2019（6）：73．

息的权利。实际上，成年人通常具备较为成熟的心智和判断力，能够自主控制言行并预见行为的后果。这种能力使得成年人在数字记忆的背景下，更加注重言行举止的规范性。数字记忆的持久性本身对人们的行为具有一定的约束作用，促使人们在网络空间发表言论时更加谨慎。这种自我约束有助于维护网络空间的秩序和良好环境。然而，设立被遗忘权可能会削弱这种自我约束机制，导致部分用户在行使权利时过度依赖法律保护，从而削弱个人的自律性。在这种情况下，如果被遗忘权被滥用或不当行使，可能会导致网络空间成为"法外之地"，削弱网络治理的有效性。因此，在平衡个人信息权益与网络空间秩序的关系时，应当审慎考虑被遗忘权的适用范围和条件，确保其不会对网络空间的正常秩序造成负面影响。[①]针对上述的第二个问题，有学者认为被遗忘权并不具备新兴权利的特征，其权能可以被视为是其他现有权利的延伸和集合。当个人的法益受到侵害时，受害者已经可以通过现有的隐私权、删除权等权利进行救济。这些现有权利已经形成了一套完整的体系，足以保护个人信息安全和隐私权。因此，引入被遗忘权并不是必要的，现有的法律体系已经能够实现保护这些法益的目标。[②]此外，从中国的法律环境和实际需求来看，被遗忘权的建立并不是迫切的。在中国的法律体系中，已经存在一些与个人信息保护相关的法律法规，如《个人信息保护法》等。这些法律法规对于个人信息的安全保护已经有了明确的规定和要求。因此，没有必要为了被遗忘权而在现有法律体系中增设新的权利。

另外，一些学者对于实施被遗忘权的必要性提出了质疑。他们提出观点，认为行使被遗忘权并不能有效地实现保护隐私的目标。在当今社会，众多个体倾向于公开自己的私密信息以吸引公众关注，这一现象揭示了他们对个人隐私的漠视，转而更加重视自我表达和展示的需求。在信息激增

---

① 李扬，林浩然. 我国应当移植被遗忘权吗 [J]. 知识产权，2021 (6)：56.
② 王凌皞. "被遗忘"的权利及其要旨：对"被遗忘权"规范性基础的批判性考察 [J]. 华东政法大学学报，2021 (5)：53—54.

的时代背景下，随着数据量的飞速膨胀，公众对特定事件的关注周期日趋短暂。在这种情况下，许多人对于网络上的个人信息可能带来的负面影响持乐观态度。因此，他们认为没有必要采取被遗忘权的措施来保护自己的利益。这种观念的部分原因在于公众对信息传播和遗忘过程的理解存在偏差。人们普遍认为，随着时间的流逝，信息将自然被遗忘，不会对个人造成长期影响。然而，这种观点忽略了数字化时代信息持久性和传播广泛性的特性。在网络空间中，一旦信息被发布，它往往会长时间存留，并有可能被无数次地转发。这不仅使得个人隐私和信息安全面临持续威胁，而且公众对被遗忘权的了解不足也是导致其被忽视的原因之一。作为一种新兴的法律概念，被遗忘权的含义和适用范围尚未被广泛理解和接受。许多人对其重要性缺乏充分认识，因而不愿意积极主张这一权利。以欧盟的情况作为参考，关于信息是否应当被删除的决策权，已经转交给 Google 等搜索引擎公司。如果在中国引入被遗忘权的概念，那么国内的互联网公司是否也将接过决定信息数据留存与否的重担？这一审核过程将耗费哪些资源？对数字经济的运行将产生何种效应？是否会妨碍大数据技术的进步？是否可能对互联网领域的常规法律自由造成冲击？这一连串的问题都需要我们进行深入的探讨，并且需要制定出周密的应对措施。显然，引入被遗忘权将经历一个复杂的过程，并且其产生实际上是互联网环境下多种价值失衡发展的产物，因而在构建被遗忘权时必须谨慎行事。①

2. 赞成说

汇总目前的研究成果，关于是否应当对被遗忘权进行本土化调整的问题，大部分意见倾向于支持。从权利平衡的视角出发，被遗忘权与言论自由之间并非存在不可调和的矛盾。事实上，两者之间存在相互依存和促进的关系。行使被遗忘权可以降低人们对自己言论的忧虑，减轻因某项言论可能产生的不利影响而导致的表达顾虑。这有助于促进言论自由的实现，

---

① 刘泽刚. 过度互联时代被遗忘权保护与自由的代价 [J]. 当代法学，2019 (1)：91.

使人们更加敢于表达自己的观点和意见。此外，被遗忘权的行使还有助于提高公众的表达欲望。当人们意识到自己的言论和信息能够得到适当的保护和控制时，他们更愿意参与到网络交流和表达中。这种表达欲望的激发有助于促进信息的自由流通和社会的多元交流。①有学者借鉴欧盟的判例，深入探讨了被遗忘权的本质。他们提出，被遗忘权实际上是一种利益衡量准则，这一准则具有中立性的特点。在信息化时代，随着各种新问题的涌现，利益冲突也日益突出。被遗忘权作为一种解决利益冲突的框架，能够有效地应对这些新问题。②因此，将这一权利融入我国的法律架构，并且制定相应的法律规范，将有助于增强其在法律实践中的适用性和操作性。这不仅能够确保权利的合法性和正当性，还能够为权利的行使提供明确的指导和保障，从而在维护个人利益的同时，也维护了法律体系的完整性和稳定性。

考察被遗忘权所产生的影响，我们可以发现，这一权利不仅迎合了个人对于加强隐私保障和个人信息控制的需求，同时也反映了人际交往中的基本要求。鉴于我国互联网行业迅猛发展的现实，"过度记忆"所引发的一系列问题都明确指出，现阶段我们迫切需要在信息的利用与保护之间找到一个均衡点。这不仅关乎个人隐私权的有效行使，也关系到整个社会的信息秩序和公共利益。因此，应当在法律层面确立相应的规范，以确保在数字时代个人信息的合理利用与有效保护之间达成一种和谐的状态。③在互联网的助推下，个人信息能够在瞬间被广泛传播至全球，这种即时性和广泛性的信息公开对个人自由构成了严重的威胁，使个人在网络上发布的各类信息成为限制其自由的枷锁。针对这种信息失控的挑战，被遗忘权的概念应运而生，它旨在为个人提供一种有力的法律手段，以应对网络环境

---

① 薛丽. GDPR 生效背景下我国被遗忘权确立研究 [J]. 法学论坛，2019（2）：105.
② 蔡培如. 被遗忘权制度的反思与再建构 [J]. 清华法学，2019（5）：169—170.
③ 吴太轩，李鑫. 大数据时代"过度记忆"的对策研究——被遗忘权的本土化思考 [J]. 西北民族大学学报（哲学社会科学版），2020（2）：69.

下个人信息失控的问题。被遗忘权的提出正是对信息失控问题的一种有效应对。①在数字化时代，由于网络的固有特性，信息主体往往在未意识到的情况下就丧失了对自身信息的控制权。与庞大的网络运营商相比，信息主体处于显著的不利地位。针对这一情况，被遗忘权为信息主体提供了一种有效的应对策略，从而增强了他们在信息管理方面的能力，对于有效地对抗互联网搜索引擎所特有的"自由表达行为"至关重要。在大数据时代，数据存储能力与人类遗忘的自然特性之间的冲突引发了一系列新的问题。为了适应人际交往的需要并保护个人尊严，认可被遗忘权作为一种独立的权利归属，是达成"数字遗忘"目标的更佳途径。这意味着，通过法律手段确立被遗忘权的地位，可以帮助个人在数字世界中实现一定程度的遗忘，从而保护个人信息不被无限制地存储和检索，确保个人的隐私和尊严得到尊重。②此外，随着互联网企业的迅猛扩张，它们掌控着庞大的数据资源和强大的信息搜集与分析能力，这在一定程度上催生了网络霸权和信息垄断现象，这种基于数据的商业模式引起了公众对隐私和数据安全的广泛担忧。加之自媒体平台的快速崛起也带来了信息传播的挑战，由于进入门槛低，缺乏严格的信息发布和传播审核机制，加之对商业利益的过度追求，信息失真和伦理失范问题频繁发生，虚假信息的扩散不仅误导民众，还可能引发社会动荡和恐慌。被遗忘权的引入对于解决这些问题同样发挥了重要作用。它赋予个人更多权利，有助于平衡互联网企业与个人之间的力量，防止数据和信息权力被滥用，减少信息垄断和网络霸权现象。此外，被遗忘权有助于弥补自媒体平台信息传播的监管不足。它可以作为一种补充手段，对自媒体平台上的信息进行必要审查和管理，减少虚假信

---

① 于浩. 被遗忘权：制度构造与中国本土化研究 [J]. 华东师范大学学报（哲学社会科学版），2018（3）：150—152.

② 李立丰. 本土化语境下的"被遗忘权"：个人信息权的程序性建构 [J]. 武汉大学学报（哲学社会科学版），2019（3）：145—148.

息的传播和社会不稳定因素，维护公共利益和社会秩序。[①]

从法律实务的视角观察，尽管现行的法律条文尚未直接提及被遗忘权，但司法部门已经认识到这一权利的实际存在，它凸显了在互联网时代个人数据权益的扩展。与传统的删除权相比，被遗忘权进一步涉及数据信息主体在撤回同意后的删除权，这体现了个人自主权的原则，并且与加强个人信息保护的总体趋势相一致。[②]支持者认为，鉴于现代社会对个人信息保护的迫切需求，建立被遗忘权是合理的。在讨论被遗忘权的过程中，不可避免地会涉及不同权利之间的价值位阶冲突，然而，这种冲突是法学领域中常见的问题，也是法律制度发展中的常态。在引入新制度时，这种冲突尤为突出，但并不代表无法解决。只要有序地调整不同权力和利益之间的冲突，就能够解决这一问题。在解决冲突的过程中，需要法律制度的不断完善和各方利益相关者的积极参与和协商。在国际范围内观察，越来越多的国家已经确认了被遗忘权的法律地位。通过观察其他国家的实践经验，我们可以看到这一权利在社会运作中扮演了正面的角色。我国应当追随国际趋势，主动吸取这些经验中的精髓，并将这一权利观念引入国内法律体系，同时对其进行适当的本土化调整以适应国内环境。因此，我国被遗忘权的关键问题在于如何进行本土化构建，以及是否能够与现有法律框架实现有效兼容，特别是与已确立的"删除权"之间的兼容问题。

（二）"被遗忘权"与"删除权"的关系争议

关于"被遗忘权"与"删除权"的关联，学术界对此有着多元化的见解。以下为主要观点：

第一种观点主张，GDPR中规定的被遗忘权不仅包含了传统的"被遗忘权"和"删除权"，而且对被遗忘权进行了广泛的阐发。这种观点认为，被遗忘权不仅涵盖了传统被遗忘权的核心要义，而且还包含了现代数字被

---

① 张志安，邹禹同. 大数据时代"被遗忘权"的中国引入：意义与限制 [J]. 前沿探索，2018 (2)：25.

② 刘文杰. 被遗忘权：传统元素、新语境与利益衡量 [J]. 法学研究，2018 (2)：40.

遗忘权的理念。换句话说，被遗忘权的定义涵盖了两个核心层面：①犯罪记录者应当拥有要求其犯罪记录不被公开的权利，这旨在保护他们的隐私和尊严，防止因过去的错误而遭受无休止的指责或歧视；②信息主体应有权要求删除与其相关的信息，特别是在那些已经过时、不准确或不相关且无法更新的信息。这种观点的依据来源于欧盟的《通用数据保护条例》（GDPR），该条例明确规定了被遗忘权，即个人在特定情况下有权要求删除其个人信息。①

第二种观点认为，GDPR中的被遗忘权与删除权在本质上是一致的。它们都代表着数据主体拥有一项基本权利，即要求数据控制者永久性地删除与其相关的个人信息。这一观点的依据在于，当数据通过断开链接被隐藏时，它在可视化检索结果列表中将不再可见。从这个角度看，隐藏数据可以被视作删除的一种特殊形式。除了上述理论依据，GDPR第17条的规定也为这种观点提供了法律支撑。该条款明确将删除权（被遗忘权）作为一个整体概念进行表述。这表明，在法律层面上，被遗忘权和删除权是相互关联和补充的，可以将它们整合起来进行统一解读。②

第三种观点则认为，被遗忘权的本质并非一种全新的权利，其实质是与其他数据保护权利紧密相关的。它在数据保护法律体系中并不是一个孤立的概念，而是与删除权、更正权等权利相互补充、相互促进。这种观点的依据在于，删除权和更正权等权利的历史相对悠久，早在"95指令"中便已有所体现。这是因为删除权、更正权的历史更为悠久，早在"95指令"中便有所涉及。

根据上文阐述，"删除权"与"被遗忘权"的关系错综复杂，尚无确凿的结论。然而，在大数据时代、智能社会和信息流量背景下，个人信息

---

① Ambrose M L，Ausloos J，The Right to Be Forgotten Across the Pond，Journal of Information Policy，2013：1—2.
② 卢冰洋. 欧盟《通用数据保护条例》中被遗忘权制度研究 [D]. 上海：上海师范大学，2020：9.

具有极为重要的意义，必须给予相应的法律保护。《个人信息保护法》的出台对于个人信息安全保护意义重大，但被遗忘权是否有必要被纳入中国法律体系仍存在颇多争议，其中最值得关注的问题就是中国现有的法律确立了个人信息"删除权"后，是否已包含了"被遗忘权"的立法需要。有学者提出，中国确立个人信息"删除权"后，无须再引入"被遗忘权"，此提议值得进一步探讨。

第二节 "被遗忘权"与现有"删除权"的兼容难题

被遗忘权的终极实施方式以"删除"为基础，因此它是在删除权基础上构建的一项权利，两者的内涵差异并不明显。然而，在实际操作中，被遗忘权的实现方式不仅仅限于删除，还可以包括限制传播、隐藏链接、隐匿身份以及追加信息等多种救济途径。这两者在功能和性质上存在显著的区别。同时，被遗忘权与中国已有的删除权在具体条款内容方面也存在诸多差异。

一、"被遗忘权"和现有"删除权"的内涵辨析

从权利功能角度来看，中国现有的"删除权"立法目的是遏制企业非法收集、抓取和处理用户信息的行为，而被遗忘权的功能主要针对那些基于合法性收集和控制的信息，但这些信息已经过时、不相关或具有危害性。因此，被遗忘权的核心在于为确保个人尊严不受合法公开信息产生的负面影响，对表达自由权实施一定程度的约束。①

从权利性质的角度深入剖析，被遗忘权展现出一种典型的预先主动防

---

① 满洪杰．被遗忘权的解析与构建：作为网络时代信息价值纠偏机制的研究［J］．法制与社会发展，2018（2）：200．

御特质,与现有的删除权形成鲜明对比。删除权通常属于事后被动补救的范畴,而被遗忘权则代表了一种前瞻性的保护机制。被遗忘权的产生根植于时空语境的变化,它响应了信息主体对权益的主张。当个体意识到其"人格尊严"可能受到威胁时,他们有权采取主动行动,通过履行通知程序,提醒"数据控制者"采取相应的法律措施以寻求救济。这种权利的设立旨在预防潜在的损害,而非在损害发生后进行补救。与此相对,删除权是在信息主体已遭受实质性损害的情况下行使的。它更倾向于一种应对策略,目的是防止负面信息的进一步扩散。信息主体在行使删除权时,往往是出于防止损害扩大、减轻损失或维护自身权益的考量。这种权利的行使是被动且反应性的,主要针对已发生的数据滥用或不当处理行为。[①]

二、"被遗忘权"和现有"删除权"的立法异同

尽管有学者提出中国"删除权"在某些条款设定上与欧盟"被遗忘权"非常相似,且两者无论是在权利主体、行使对象、适用条件、义务主体和例外情形等多个方面都存在诸多差异。

(一)权利主体

在权利主体方面,欧盟"被遗忘权"与我国立法中的"删除权"基本一致,都包括作为信息主体的自然人。在 2012 年的立法中,欧盟 GDPR(草案)明文规定:"信息主体有权要求信息控制者删除与其相关的个人信息,特别是当信息主体未满 18 周岁时。"但在 2014 年修订时,对"未成年人"的强调被删除,这表明欧洲被遗忘权的权利主体已扩展到包括所有自然人在内的范围。在我国,《个人信息保护法》中"删除权"的权利主体为所有不特定的自然人,在主体的适用范围上并未作出特殊的区分或限定。[②]

---

① 李媛. 被遗忘权之反思与建构 [J]. 华东政法大学学报,2019(2):61.
② 《个人信息保护法》第一章第二条:自然人的个人信息受法律保护,任何组织、个人不得侵害自然人的个人信息权益。

欧盟与中国的较大区别在于，前者赋予"被遗忘权"权利主体在特定群体中具有特殊性。例如，欧盟对公众人物行使"被遗忘权"设定了较为严格的条件。这表明，在考虑是否满足这些条件以实施被遗忘权时，欧盟对公众人物的个人信息处理采取了更为审慎的态度。在涉及个人健康状况、家庭成员等敏感信息的情况下，欧盟允许公众人物行使被遗忘权，公众人物所请求删除的信息并不被认为是私人信息，除非存在确凿的证据表明这些信息涉及私人领域。这一原则确保了公众人物的隐私权受到必要的限制，同时保护了公众对信息的自由获取权。然而，在中国法律传统中缺乏公众人物的概念，因此《个人信息保护法》未对公众人物作出特殊性规定。①

（二）行使对象

无论欧盟"被遗忘权"还是我国"删除权"都强调保护的对象是"数据"（data）或者"信息"（information）。其中欧盟 GDPR 中更多强调的是权利行使的对象是"数据"，而中国《个人信息保护法》中用的则是"信息"。②目前，学术界对这两个概念的称谓、内涵存在很大的分歧，但是还是经常将两个概念混用，实际上，在一些国家和国际组织的正式文件中，可以看到将这两种权利概念相互混用的情形。所以，两者在行使对象上也基本没有太大区别，都是对个人信息或数据的处理。

然而，在行使对象方面，中国《个人信息保护法》中的"删除权"和欧盟的"被遗忘权"仍然存在区别。在中国的法律体系中，行使"删除权"的对象涵盖了那些违反法律规定或相关约定而被公开的信息，换言之，这些信息因其内容违反法律或违反合同条款而具有不正当性。信息主体行使"删除权"是基于信息被非法处理的法定情形。与此不同的是，欧盟"被遗忘权"的行使对象则包括合法收集和公开的信息。这些信息是信息主体通过同意（明示或默许）或正当性事由（客观新闻报道、司法信息

---

① 明俊．个人数据保护：欧盟指令及成员国法律、经合组织指导方针［M］．陈飞，译．北京：法律出版社，2006：65.

② 一般来说，数据强调附着于载体上的客观记录，而信息具有一定的主观价值意义。

披露等）产生的，然而，鉴于这些信息已经过时、不再相关、不够精确，无须保留且可能对信息主体的个人信誉造成不利影响，因此没有存储和继续存在的正当理由。这样的信息应当被及时清除，以保护信息主体的合法权益，并维护其个人声誉不受不必要的损害。因此，欧盟所设立的"被遗忘权"旨在对相关内容的搜索结果进行限制，防止负面信息进一步扩散。

（三）适用条件

在适用条件上，欧盟"被遗忘权"和中国"删除权"皆规定了信息主体有权行使权力的具体适用情形，欧盟 GDPR 中的第 17 条第 1 款规定了六种法定适用情形。参照前文可知，中国"删除权"亦规定了五种具体适用情形，除了对未成年人的特殊保护未着重提及外，其他条款和欧盟的"被遗忘权"大体相似，都具备对"不必要、不准确或违法信息"处理的明确规定。

不过，在适用条件上两者的区别仍然存在。依据中国《个人信息保护法》第 47 条对"删除权"的明文规定，信息处理者仅在五种法律明确规定的条件下，才有义务主动删除个人信息或应信息主体的要求予以删除。一旦满足这些法定条件并具备相应的事实基础，即便信息主体未明确提出删除请求，信息处理者仍需承担起主动删除个人信息的法律义务，承担法定责任。欧盟的"被遗忘权"要想产生法律效力，必须同时满足客观和主观的要件。这表明，一旦出现法律规定的特定情况，信息主体必须自愿决定行使被遗忘权，并主动向信息处理者提出删除其个人信息的请求。在涉及被遗忘权的情况下，信息处理者并不承担主动删除个人信息的责任。

（四）义务主体

在义务主体方面，两个权利均有明确规定。根据欧盟的通用数据保护条例（GDPR）第 82 条之规定，所有参与数据处理过程的数据控制者，不论是直接还是间接地参与，都应当对由于违反该条例所导致的数据主体受到的损害负有责任。这包括实际执行数据处理任务的个人或实体，他们也在责任范围之内。同样地，我国《个人信息保护法》第 69 条亦对责任主体进行了明确的规定，在处理个人信息、侵犯个人信息权益导致损害的情况下，若个人信息处理者无法证明自身无过错，应承担损害赔偿等侵权责任。

　　然而，在中国法律框架下的"删除权"规定中，仅要求信息处理者负责主动删除个人信息，而并未将通知其他信息处理者一同删除的责任纳入其中。这一规定体现了一种点对点的责任模式，仅要求接到删除请求的信息处理者履行删除的义务。相较之下，在欧洲联盟的法律体系中，数据主体在行使所谓的"被遗忘权"时，不仅拥有要求信息处理者删除其相关个人信息的权限，而且还可以使信息处理者承担起必要责任，通知其他相关的信息处理者一同清除这些信息。这种做法已经冲破了传统的一对一责任限制，建立了一个更为广泛的责任体系。这样的规定凸显了在数据保护领域，不仅要关注单一信息处理者的行为，还必须确保在整个数据处理过程中，所有相关方都能够共同参与保护和删除工作，以充分保障数据主体的权利。①这意味着，信息处理者不仅需要关注自身平台上的个人信息，还需要与其他信息处理者合作，确保涉及个人隐私的数据得到彻底删除。这种合作与协调的机制有助于防止个人信息被不当传播和使用，进一步强化了个人信息保护的力度。②

（五）规定例外情形

　　根据欧盟"被遗忘权"和中国"删除权"相关条款可以看出，两者皆对权力适用的限制情形作出了明确规定。欧盟 GDPR 第 17 条第 3 款列出了行使被遗忘权的五种例外情况。③而中国《个人信息保护法》第 47 条第

---

① Alexander Tsesis. Data Subjects' Privacy Rights：Regulation of Personal Data Retention and Erasure [J]. 90 U. Colo. L. Rev，2019：593－602.

② Elena Corcione. The Right to Be Forgotten，between Web Archives and Search Engines：Further Steps at the European Court of Human Rights [J]. 5 Eur. Data Prot. L. Rev.-HeinOnline，2019：262－265.

③ 欧盟 GDPR 被遗忘权适应的限制情形：一、为了行使言论与信息自由权；二、数据控制者基于遵守欧盟成员国的法定义务，或基于公共利益的某项任务，或为行使其职务权限而对数据进行的处理；三、为实现公共健康领域的公共利益所进行的处理；四、行使被遗忘权将彻底阻碍实现公共利益目的、科学以及历史研究目的或统计目的；五、以提起诉讼或应诉为目的。

2 款则规定了两种行使删除权的例外情形。①

通过对比性分析，我们注意到中国《个人信息保护法》第 47 条中关于"删除权"的规定，并未设置任何对抗性限制，以约束该权利的行使。这表明，在《个人信息保护法》第 47 条第 1 款中规定的触发删除权的情形，并没有像《通用数据保护条例》（GDPR）第 17 条第 1 款那样被赋予一个广泛的解释。另外，《个人信息保护法》第 47 条并未授予法官或监管机构在利益考量方面广泛的自由裁量权。然而，在《通用数据保护条例》（GDPR）第 17 条关于被遗忘权的立法框架中，当信息主体寻求行使删除权时，信息处理者有权提出抗辩，例如以信息自由等理由拒绝删除。在评估信息处理者是否负有删除责任的过程中，主管机关或法官必须综合考虑信息主体、信息处理者以及公共利益的多方面因素，才能作出相应的裁决。在这种立法框架下，删除权或被遗忘权的适用范围可以较为广泛地界定。因此，对于行使被遗忘权的行为，设定了明确的界限，并对各种利益冲突进行了均衡考量。

通过对比可知，中国《个人信息保护法》第 47 条所规定的"删除权"与欧盟 GDPR 的"被遗忘权"存在明显的区别。而且，在与欧盟"被遗忘权"相对比时，无论在特殊权利主体的保护、合法公开信息的处理、责任主体的界定还是对权利冲突问题的权衡方面，中国设立的"删除权"均与欧盟"被遗忘权"存在较大差距，有待进一步发展。②（具体可参考表 4 - 1）

表 4 - 1 GDPR 被遗忘权 VS. 中国删除权

	GDPR 被遗忘权	中国删除权	区　　别
权利 主体	自然人 （特殊主体规定）	自然人	欧盟：对特定群体的适用具有特殊性（公众人物） 中国：无特殊规定
行使 对象	个人数据	个人信息	欧盟：违法、违约公开的信息，合法收集、公开的信息 中国：违法、违约公开的信息

---

① 《个人信息安全保护法》47 条第二款限制适用情形：一是法律、行政法规规定的保存期限未届满；二是删除个人信息从技术上难以实现。

② 李芷卉.网络环境下被遗忘权本土化的问题研究［D］.石家庄：河北经贸大学，2022：15.

续表

	GDPR 被遗忘权	中国删除权	区　别
适用条件	六种适用情形	五种适用情形件	欧盟：信息主体提出删除请求，信息处理者无主动删除义务 中国：信息处理者负有主动删除义务
义务主体	数据控制者 （含数据处理者）	信息处理者	欧盟：信息处理者负有协助其他信息处理者删除的义务，"一对多" 中国：仅限于信息处理者自己删除，"一对一"
规定例外情形	五种例外情形	两种例外情形	欧盟：对权利行使设定了必要限度，对利益冲突进行了权衡 中国：未对删除权的行使进行反面限制

三、"被遗忘权"与现有"删除权"的功能差距

尽管学者们对于被遗忘权的内涵有着多元化的理解，但是对于该权利的核心，即个人信息的移除，普遍存在着共识。从权利补偿的角度审视，可以注意到删除权在实现被遗忘权的补偿目标上扮演着中心角色。值得重视的是，尽管删除是被遗忘权行使的重要手段，但它并非该权利实现的所有途径中的唯一。除此之外，还包括信息的改正、数据的处理限制、信息的匿名化链接以及数据的去标识化等多种策略，这些策略的目的都是为了断开信息主体与相关信息之间的关联。实际上，在构建个人信息保护法律体系的过程中，删除权与被遗忘权互为补充，这一全球性的趋势得以持续和扩展。

（一）删除权的功能缺失

一是人格尊严保护略显不足。鉴于"删除权"主要涉及对违法或违约情况，以及当处理目的达成后信息的删除，而对于信息的过时性或不准确性并未设定专门的删除规则，这导致了无法保障信息主体在网络环境中建立一个公正且真实的个人形象。数字印记的持久特性意味着个人信息被持续地储存，一旦个人信息脱离其原始的上下文而单独存在，它可能会变得不精确、不适当，甚至偏离最初的目标。这一现象引发了对个人信息保护的新挑战，即在数字时代如何确保个人信息的准确性和时效性。在信息传

120

播机构具备强大的数据收集、存储、处理、检索和推送能力的情况下，数字宰制现象容易出现。这种现象可能会导致资本的过度扩张，从而威胁到个人权利。在这种背景下，信息主体在网络世界中构建的数字身份通常是片面的，因此，基于这一身份形成的预期判断和个人评价可能会偏离实际情况。在网络环境中，个人形象与人格尊严的保护紧密相连，这一点在人格权理论中特别受到重视。由于删除权的适用范围受到限制，它在维护个人数字形象和控制在线名誉方面可能显得不够充分，这使得过时信息对人格尊严的不利影响难以得到有效解决。

二是个人信息传播监管存在不足。依据我国《个人信息保护法》第47条之规定，个人信息的处理器有法律义务主动清除个人信息，同时，个人信息主体也有权要求进行删除。然而，在具体实施过程中，对于那些被第三方转载、链接或进一步传播的信息，即便其最初是由信息主体公开的，现有的删除权框架在监管方面仍存在难度。鉴于这一情况，我们必须探索一种新型的监管模式，以便更有效地解决由第三方转载、链接和传播信息所带来的挑战。 具体而言，一旦信息主体在网络环境中公布与个人信息相关的任何内容，这些内容可能因其独特性而吸引众多网络用户和媒体平台的注意，从而使个人信息通过多个途径得以传播。如果信息主体希望撤销其同意并终止个人信息的公开，个人信息处理者仅能删除信息主体自行公开的信息，却不能直接限制他对合法且已公开信息的进一步传播。 在现今的技术环境中，信息主体对其所发布的个人信息的删除操作相对便捷，因为众多网络数字平台皆配备了相应的删除功能。然而，真正困难的是限制他人实施的传播行为，这对信息主体来说更为重要。鉴于"删除权"在个人信息移除过程中呈现出"一对一""点对点"的特点，这

---

① 王琰，赵婕．大数据时代被遗忘权的现实逻辑与本土建构 [J]．南昌大学学报，2020（6）：104.

② 李芷卉．网络环境下被遗忘权本土化的问题研究 [D]．石家庄：河北经贸大学，2022：15—16.

③ 李芷卉．网络环境下被遗忘权本土化的问题研究 [D]．石家庄：河北经贸大学，2022：15.

使得它难以有效地限制广泛的传播行为，因此在个人信息的控制和保护方面存在一定的局限性。①

（二）被遗忘权对删除权功能缺失的弥补

一是被遗忘权对人格权的着重保护。通过上述分析可知，"被遗忘权"着重于维护人格尊严和把控信息传播的环节，这一特质使得它能够补充"删除权"在某些功能上的不足。它关注的是过时、无关或错误的个人信息，通过赋予社会公众实施名誉"破产"的权利，以此消除个人的数字足迹，这反映了我们对个人成长与自我革新的尊重。在网络空间，信息痕迹难以消除，即便信息主体在事后愿意积极弥补、真诚悔过，但不光彩的历史仍然会伴随其一生。尽管个体持续地构建并累积着自己的形象、名誉和声望等精神层面的个人特质，但个别人的过往行为可能会导致他们在社会中的评价或形象下滑。这并不意味着这些人不需要社会的重新接纳和宽容。在此背景下，我们可以将"被遗忘权"所承载的价值功能与针对失信被执行人的信用修复及完善机制进行类比分析。信用修复机制针对失信被执行人员，旨在提供一次洗心革面、重新做人的机会，同样地，"被遗忘权"也是给予个人一个重新开始的机会，让他们能够重新塑造自己的形象和名誉，摆脱过去的阴影，重新获得社会的认可和接纳。

二是完善个人信息传播规制途径。"删除权"的核心理念在于利用信息删除来保障信息主体免受潜在侵害。相较之下，被遗忘权关注通过阻止信息传播来减轻个人隐私权益的压力。该制度不仅包括了传统意义上的删除权所涉及的内容，而且进一步要求个人信息处理者采取必要措施，如通知其他第三方停止使用、断开链接、去身份化等，以阻止已公开的个人信息继续传播。②在当前的法律框架下，个人信息处理者的职责并不仅限于删除网络平台上的内容，他们还需要对公开或通过平台传播的内容承担协

---

① 李芷卉. 网络环境下被遗忘权本土化的问题研究 [D]. 石家庄：河北经贸大学，2022：15.

② 刘学涛，李月. 大数据时代被遗忘权本土化的考量——兼以与个人信息删除权的比较为视角 [J]. 科技与法律，2020（2）：80.

同责任。这意味着，当个人信息处理者收到个人提出的被遗忘权请求后，他们不仅需要自行删除相关信息，还有义务通知第三方停止使用并删除从信息处理者处获取的用户信息。这一特性进一步阐述了"被遗忘权"对"删除权"功能的延伸和强化。这种协同责任的设立，目的是确保个人数据得到更广泛和高效的防护。通过强化信息处理者在信息传播过程中的责任，我们可以更好地遏制不准确、不适当或过时的个人信息在网络环境中的传播，从而维护个人隐私和人格尊严。此外，实施这种协同责任还要求信息处理者与其他相关方进行高效的交流和合作。在收到被遗忘权请求后，信息处理者不仅需要迅速采取行动，确保相关信息得到及时删除，还需要与其他相关方进行沟通，确保信息的删除不会导致其他连锁反应或负面影响。

第三节　中国暂缓确立被遗忘权的现实

一、立法价值取向的冲突

自 2014 年欧洲法院对冈萨雷斯案件做出裁决之后，关于被遗忘权的讨论在大西洋两岸逐渐升温。欧盟和美国在立法的基本理念上存在显著差异，这导致了双方对于被遗忘权的立场和态度有所不同。与欧盟在立法上积极明确地设立被遗忘权不同，美国对于被遗忘权的立场相对较为冷淡。在美国，只有未成年人被赋予了一定的被遗忘权，而成年人则没有被赋予此权利。这种差异源于欧盟更加关注信息自主权的保护，在美国，优先考虑的是言论自由的权益。法律传统的多样性，特别是在基本权利的保障体系上的分歧，导致了欧盟和美国在被遗忘权的立场上的根本性差异。[①]

---

① Samuel W. Royston. The Right to Be Forgotten: Comparing U.S. and European Approaches [J]. St. Mary's Law Journal，2016：253—254.

　　数据主体提出的被遗忘权主张赋予了个体请求删除与其有关数据的权利，目的是为了促进公众对个人信息的遗忘。但是，作为基本人权的自由表达权，其核心在于保障权利持有者表达自己的自由，尤其是保护公众的言论自由。因此，被遗忘权与表达权之间存在着显著的价值矛盾，这种矛盾在实际操作中往往难以妥善协调。某些美国学者曾断言："被遗忘权构成了互联网时代言论自由未来十年面临的最大挑战。"在处理被遗忘权与表达权的矛盾时，各国在引入被遗忘权概念的过程中展现了鲜明的本土化特色。①自欧洲大陆爆发革命以来，欧洲诸国一直坚守以保护个人权益为重的法治传统。在法律实施过程中，公共利益常常被置于个人尊严和人格权利之下。因此，被遗忘权在欧洲得以发展并具有法律根源。然而，在美国，被遗忘权的成长进程遭遇了阻碍。这是因为美国人民更加重视言论自由，他们认为被遗忘权与表达权之间存在矛盾，担心被遗忘权可能会导致"寒蝉效应"的产生。因此，美国仅对未成年人隐私保护方面的被遗忘权设立了"橡皮擦法案"，而没有建立一般性的被遗忘权制度。②对于这一冲突的解决方式，各国表现出了差异化的实践特点。例如，在欧洲国家，由于对数据隐私和人格尊严的重视，数据主体的被遗忘权往往被赋予较高的价值。因此，欧洲国家在处理被遗忘权与表达权的冲突时，可能会倾向于保护被遗忘权。然而，在美国，言论自由的传统和价值观使得表达权在某些情况下可能优先于被遗忘权。这种差异化的实践特点反映了各国在解决被遗忘权与表达权冲突时所考虑的社会、文化和法律因素。

　　被遗忘权作为一种重要的个人信息保护机制，其功能之一是防止错误信息继续误导公众。通过行使被遗忘权，可以有效地纠正网络上的不准确或误导性信息，从而提高网络信息的精准度和可靠性。这种机制对于保护

---

①　Samuel W. Royston. The Right to Be Forgotten：Comparing U. S. and European Approaches [J]. St. Mary's Law Journal，2016：86.

②　"寒蝉效应"系法律和新闻传播学领域的名词，指在言论自由或集会自由时，人民害怕因为言论遭到国家的刑罚，或是必须面对高额的赔偿，不敢发表言论，如同蝉在寒冷天气中噤声一般。

公民的知情权至关重要，因为公民有权获得准确、全面的信息，以便作出明智的决策和评估。要平衡言论自由与信息自决，关键在于明确行使被遗忘权和信息控制者利用、处理个人信息时的界限。这涉及对个人信息权益的保护和对言论自由的合理限制之间的平衡。在这个过程中，应当尊重和保护个人对自身信息的自主控制权，同时也应保障公民的知情权和表达自由。事实上，要在言论自由和个人数据自决权之间实现平衡，关键在于明确界定在执行被遗忘权的过程中，信息管理者对于个人信息的使用和处理所应遵守的界限是否足够清晰。①中国拥有自身的历史传统和独特的国情，这使得在中国的立法理念中，公共利益通常被置于个人利益之上。此外，我国个人信息保护立法起步较晚，直接套用欧盟的"被遗忘权"规定可能会引发水土不服的问题。② 考虑到中国的现实情况，为了确保立法与现实国情相适应，我们需要在借鉴欧盟经验的同时，兼顾本国的特点。

二、平衡各项权益的标准模糊

被遗忘权所涉及的利益多方且复杂，既有相互关联的一面，也存在矛盾和冲突。在处理此类案件时，核心问题在于如何在利益衡量中把握好被遗忘权的保护机制和裁判准则。③欧盟在解决被遗忘权冲突问题上，一直致力于运用比例原则进行权衡。在 GDPR 第 85 条关于"处理、表达自由与信息"的前两款规定中，欧盟对言论自由权与个人信息权、新闻传播与个人信息权之间的矛盾进行了细致的平衡处理。这种平衡处理主要体现在对不同权利的合理限制和保护上。一方面，为了保护个人信息权，欧盟强调了信息控制者对个人信息的保护责任，要求其对个人信息进行合理、合法处理和利用。另一方面，为了保障言论自由和新闻传播的权益，欧盟也

---

① 李芷卉. 网络环境下被遗忘权本土化的问题研究 [D]. 石家庄：河北经贸大学，2022：13.
② 薛丽. GDPR 生效背景下我国被遗忘权确立研究 [J]. 法学论坛，2019：103.
③ 贺桂华，董俞彤. 论被遗忘权裁判基准的构建 ——以比例原则切入 [J]. 宁波大学学报，2021：111.

明确了在特定情况下对个人信息权的限制，以确保这些权利不被滥用或侵犯。

作为公法领域的一个重要原则，比例原则用以评估公权力的合法性。近年来，有学者提议在私法领域也可适用比例原则。然而，另有学者认为比例原则缺乏客观性和规范性的判断标准，仅为一纸空文。在具体的判断和操作上，比例原则遵循个案化处理原则，允许法官进行自由裁量，这也使得其存在被滥用的可能性。尤其是对于中国这个非案例法国家，法官在审理案件时往往以明确的法定条文为判案依据。目前，关于中国被遗忘权保护标准尚存争议，尚需确定具体操作标准。在司法实践中，针对"被遗忘权"中比例原则的应用，缺乏详尽的指导规范。解决此问题实属不易。

三、信息保护与网络产业发展的矛盾

在当前大数据背景下，网络行业迅猛发展，个人数据在网络环境下的保护面临着更为严峻的考验，进而使得被遗忘权被侵犯的概率也随之增长。根据法律规定对被遗忘权的维护，势必导致网络行业运营商的运营成本有所上升。自 2014 年"冈萨雷斯诉 Google 案"的裁决实施以来，Google 公司为用户提供了在线申请删除信息链接的系统，首个开放日便收到了大约 1.2 万个删除申请。同时，Google 公司内部设立了专门的专家咨询小组，其职责是审查用户的申请，并移除可能侵犯第三方的被遗忘权的信息内容。[①] 2014—2017 年间，Google 收到了大约 240 万次删除链接的请求，最终符合要求被同意删除的只占 43％。较低的移除成功率表明，网络用户可能存在滥用这项权利的现象，这无疑给搜索引擎等网络服务提

---

① 王沛莹. 科技与法律的博弈——大数据时代的隐私保护与被遗忘权 [M]. 成都：电子科技大学出版社，2019：137.

供商带来了巨大的运营压力。①如今，中国大力推动大数据资源发展，为经济增长注入动力，网络产业因此受益匪浅，对 GDP 增长贡献突出。然而，实行被遗忘权的规定将增加网络服务提供商的法律负担，提升其运营成本，这在一定程度上对网络产业的发展潜力产生了影响。②如何在充分利用海量数据资源带来的经济效益与保护个人信息安全之间取得平衡，亦是立法者需要着重考虑的问题。

类似地，欧盟虽一直重视个人信息安全保护，但在数据保护政策方面，它也致力于推动数据的自由流通。避风港协定是欧盟对美国的一种妥协，它表明美国可以从存储在欧洲的美国公司数据库中获取欧洲公民的个人信息。③在网络领域，美国扮演着领导者的角色。用户数据在互联网上通过虚拟渠道自由地跨越国界流动，即便这些数据中包含众多可识别的个人信息，也不会受到任何报关程序的阻碍，而且网络服务器在侵犯隐私权的情况下也不会被迫停止运作。④但是，在"棱镜门"事件（2013 年）和斯诺登事件（2015 年）曝光之后，避风港协议遭受严重影响。技术中立的神话破灭，数据自由流通的理想遭受打击，现有的协议不再符合欧盟对数据保护所设定的"充分标准"。欧洲最高法院随后宣布该协议无效，这一实施长达 15 年的、被称为"避风港"的协定最终失效，对众多美国大型企业产生了重大影响。2015 年 10 月，欧美双方启动了关于数据保护全面协议的谈判，此次谈判的成果为欧美大陆之间的数据传输设立了一个基础的保护框架。随后，2016 年，双方达成了隐私盾协议。这一国际协定经历了欧盟的"合宪性审查"，显示了美国对欧盟的妥协。这体现了美国对商业利益的重视与欧盟对数据主权保护的强化之间的相互让步，双方均

---

① 杨乐，曹建峰. 从欧盟"被遗忘权"看网络治理规则的选择 ［J］. 北京邮电大学学报，2016（8）：60.

② 薛丽 . GDPR 生效背景下我国被遗忘权确立研究 ［J］. 法学论坛，2019：104.

③ ohn W. Dowdell. An American Right to Be Forgotten ［J］. 52 Tulsa Law Review，2017：311－338.

④ Michael L. Rustad, Sanna Kulevska. Reconceptualizing the Right to Be Forgotten to Enable Transatlantic Date Flow ［J］. 28 Harvard Journal of Law，Technology，2015：349－386.

从互利和共赢的角度出发，各自做出了努力。在数据保护与数据自由流动之间寻求平衡是一项必须小心翼翼处理的任务。此外，被遗忘权的确立以及对数据流通的影响之间所需的平衡关系亦需得到恰当的处理。①

综上，对比上述有关被遗忘权的权利行使方式，可以发现多数法律对于被遗忘权的行使设有一个前提，即只有出现违法行为或者侵权行为时，才可基于合法理由对数据控制者主张权利。这项规定和欧盟的"被遗忘权"相比还存在着不小的差距。被遗忘权在产生和发展的过程中必然有相应的权利边界和明确的行使范围，中国的"删除权"反映了个人信息保护领域中的立法进步性，但是，无论是在立法还是司法实践中仍存在不少现实问题。例如，对于一些特殊的信息主体或是合法公开的个人信息能否适用删除权的相关规定，存在法律空白。被遗忘权的立法争议远不止于同"删除权"的比较、被遗忘权的法理基础之争、规制内容之争、权利客体之争等，都是目前讨论的热点和难点，也是被遗忘权在中国正式制度化所面临的种种困难和挑战。虽然部分国家在立法上已有所突破，但在司法实务中，除"冈萨雷斯诉 Google 案"外，并未出现大量规范的"被遗忘权"诉讼判例，胜诉者更是寥寥无几。这主要是因为在具体执行过程中，涉及许多待解决的难题。

---

① 张华. 欧洲联盟对外关系法原理 [M]. 北京：法律出版社，2016：88－89.

第五章　中国被遗忘权法律保护的完善路径

作为互联网领域的重要国家，我国具备庞大的人口基础和海量网络用户。为了更有效地维护个人信息安全，被遗忘权的法定化建设需从多个层面逐步推进。除了吸收各类立法模式的精华，还需制定相应的配套机制和监管策略以确保实施效果。目前，中国的法律体系尚未对"被遗忘权"有所体现，也未通过法定手段对其进行明确界定。观察全球范围内关于被遗忘权的规定，尤其是欧盟的立法情况，基于中国目前成熟的法制环境及特定的国情，笔者在此对中国"被遗忘权"的立法模式选择、权利结构的完善以及具体的实施策略进行初步分析。

第一节　中国被遗忘权法定化的模式方向

一、立法模式的借鉴

（一）主要立法模式

根据前文分析可知，全球关于被遗忘权的立法模式可以归纳为两种：

第一种是欧盟为代表的统一立法模式。被遗忘权作为一种个人信息保护的重要机制，最初是由欧盟所倡导并推行的。这一模式的提出，旨在保护个人隐私和人格尊严，同时平衡言论自由和信息自决等权利。欧盟的这一举措，对其他国家在确立被遗忘权方面产生了深远的影响。统一立法模式在个人信息保护方面具有明显的优势。通过制定统一、全面的法律法规，可以确保个人信息在各个领域得到一致的保护，避免不同法律之间的冲突和矛盾。此外，统一立法模式还能够为个人信息保护提供更加明确、具体的指导，减少法律实施中的模糊性和不确定性。在法律的制定程序上，统一立法模式汇集了该领域的专家智慧，确保了法律的权威性、科学性；在法律的实施方面，统一立法模式能够为受侵害的公民提供充分的救济保障，对违法行为主体进行法律制裁。尽管法律的至上性确实为个人信息提供了强有力的保障，然而，这种立法模式也并非完美无缺。一个显著的缺陷在于，它在某种程度上可能阻碍了社会信息的共享与流通。换言之，当法律过度强调个人信息的保护时，可能会对社会公众获取和利用信息的权利产生一定的限制，这种立法模式在保护个人信息的同时，也可能对信息社会的健康发展构成一定的障碍。①

第二种是以美国为代表的分散立法模式。在这种模式下，没有一部统一的基本法来规定个人信息的保护，而是在各个领域和事项上分别制定法律进行保护。这种立法模式的特点是多元化和分散性，形成了多种法律并存的格局。在美国，对个人数据的法律保护并不集中在单一的法律条文中，而是散布在众多法律文件之中，诸如隐私法规、电信法规、金融法规等。分散立法模式在个人信息保护方面具有一定的优势和特点。分散化立法策略的优势体现在其灵活性上，它允许根据不同领域的独特性质和具体需求来制订具体的法律条款，从而更好地适应社会的不断演进和进步。美国采取这种分散化立法策略的初衷是为了防止立法权力的过度集中，从而避免对政府行政职能和正常商业活动造成不必要的干预。分散立法模式虽然具有一定的灵活性，可以根据不同领域和事项制定针对性措施，能为不同领域和性质的个人信息提供定制化的制度保障，然而，分散立法模式的

---

① 戴恩·罗兰德，伊丽莎白·麦克唐纳. 信息技术法 [M]. 宋连斌，林一飞，吕国民，译. 武汉：武汉大学出版社，2004：308.

缺点也显而易见。由于缺乏统一的基本法，各个领域的法律可能存在不一致之处，导致法律实施中的冲突和矛盾。此外，分散立法模式也可能导致监管不统一，难以形成有效的个人信息保护体系。这种立法模式的不足之处在于，分散立法缺乏统一整体规划，导致保护标准不统一，适用范围有限，无法为个人信息提供实质性保护。为弥补这一缺陷，各国在实施分散立法时，应加强法规间的协调与衔接，确保个人信息得到有效保护。①

总之，在构建个人信息保护立法体系时，应充分考虑分散立法模式的优缺点，并根据实际情况进行调整。在此基础上，加强各类法规间的协同配合，以实现个人信息的实质性保护。同时，各国政府应不断总结经验，根据新技术和新需求完善立法，以适应信息社会的发展。

(二) 立法经验总结

对于欧盟与美国的立法经验可以总结为以下五个方面：

1. 在立法模式方面

欧盟采取了综合立法的模式，旨在通过统一的法律来全面保护个人信息。这种模式强调制定明确的个人信息保护标准，以确保个人信息的合法使用和保护。欧盟将个人信息保护权视为基本人权的一部分，认为其具有宪法层面的重要性。在实践中，欧盟主张被遗忘权应优先于经济利益得到保护，以确保个人隐私和人格尊严得到充分尊重和保护。为了确保该政策的有效实施，欧盟建立了一个独立运作的个人数据保护监管机构，该机构具备调查职能，并能行使干涉权。当相关当事人对机构的裁定不服并提起诉讼时，个人数据保护机构可以参与诉讼，以维护其权威性和公正性。然而，值得注意的是，欧盟并未采用私人权利的视角来具体定义个人信息权的性质与内容。这种立法策略倾向于强调政府公共权力的影响，虽然在对被遗忘权的保护上取得了一定的进展，但也造成

---

① 蒋坡. 国际信息政策法律比较 [M]. 北京：法律出版社，2001：445.

了法律规定的抽象化以及监管管理的刻板化。与之相对，美国实施的是分散式立法策略，依赖市场机制与数据控制器自我约束，从而赋予其更广泛的自主权。在美国，没有设立类似于欧盟那样的具有执行权力的数据防护机构，这为信息的流通和利用提供了便利。该体制下，经济利益与个人数据安全得到了平衡的考虑，特别强调了企业在自我约束、在两者平衡调节中的核心地位。美国在个人信息保护方面的立场是，只有在市场机制和行业自我约束措施无法充分保障个人数据的正当使用时，才会考虑出台统一的联邦法规。但是，由于缺乏统一的法律法规来保障公民的被遗忘权，个人数据的收集、存储和处理过程在很大程度上受制于市场机制和企业自我约束。这种状况可能对个人信息的保护产生不利影响。由于缺乏统一的法律标准，不同的企业可能采用不同的数据处理方式和保护措施，导致个人信息保护的不一致性和不平等性。此外，市场机制和企业自我约束也可能存在局限性和漏洞，难以有效应对日益复杂的个人信息泄露和滥用风险。[①]

2. 在适用范围方面

针对欧盟成员国之间数据保护法律规范差异引发的分歧，欧盟颁布了一部统一的《通用数据保护条例》（GDPR），以此统一各成员国的法律规范，消除法律分散、不协调和不确定的状况，进而减轻了企业在合规方面所面临的巨大压力。与欧盟不同，美国在早期实施的数据保护政策主要依赖于部门立法，其范围仅限于特定领域，如金融、消费者权益保护、网络隐私以及未成年人保护等。这种分散的立法模式导致了其他行业在法律规制上的空白，使得个人数据的保护在不同行业中存在较大的差异。另外，专门针对未成年人的"橡皮擦法案"只在加利福尼亚州实施，这一立法差异给与其他州之间的商业交易带来了挑战。企业在进行交易时，必须区分客户是否来自加州，以遵守不同的法律规定。这样的做法不仅使得企业承

---

① 孔令杰. 个人资料隐私的法律保护 [M]. 武汉：武汉大学出版社，2009：167—168.

担了额外的、高昂的运营成本，而且限制了商业活动和经济创新的发展。在这种复杂的法律框架下，企业难以制订出有效的数据保护措施，从而面临更高的合规风险和经济负担。

3. 在权利主体方面

欧盟对于被遗忘权的界定相较于其他地区显得更为广泛。《通用数据保护条例》为所有欧盟成员国公民提供了较为泛化的保护。这表明，欧盟公民拥有请求数据管理者消除与其相关的个人信息，并要求得到相应的隐私保护的权利。与此形成对比的是，美国在建立被遗忘权的相关法律方面，加利福尼亚州的"橡皮擦法案"是最具代表性的例子。该法案对被遗忘权的规定具体而明确，但保护范围仅限于加利福尼亚州的未成年人群体，显示出其特定的关注点。在另一方面，欧盟并未专门为未成年人制定法律来保护他们的被遗忘权，而在美国，被遗忘权的立法几乎完全集中在未成年人身上。

4. 在个人数据删除的力度方面

欧盟实施了多种策略以确保隐私与安全。除了直接进行数据清除外，在著名的"冈萨雷斯诉 Google 案"中，欧盟采取了切断相关链接的措施，从而增加了数据被他人访问的难度。这一策略旨在协调个人隐私与信息自由流通的需求，力求在保护个人数据和促进数据的合理应用之间达成平衡。与此相对照的是，美国加利福尼亚州的"橡皮擦法案"规定的数据删除力度显得更为彻底。该法案授权永久移除与未成年人相关的个人信息，体现了一种更为严格的数据保护立场，目的是为青少年提供更全面的保护。在美国的法律体系中，对未成年人数据的保护通常受到更多的关注和优先考虑，这反映了未成年人隐私权易于遭受侵害的现实情况。①

---

① John W. Dowdell. An American Right to Be Forgotten [J]. 52 Tulsa Law Review, 2017: 311 - 338.

5. 在删除范围方面

欧盟的被遗忘权呈现出更广泛的涵盖范围。这项权利不仅赋予数据主体删除其个人发布的信息的权利，而且还为删除由第三方发布的原始信息提供了支持。这表明，数据主体拥有要求相关方消除涉及其个人的信息的能力，无论这些信息最初是由数据主体自行发布的，还是由第三方发布的。与此形成对比的是，加利福尼亚州的"橡皮擦法案"的规定较为狭窄。该法案仅当涉及未成年人自己发布的信息时才允许删除，而对于他人发布或转发的与未成年人相关的个人信息，并未设定相应的删除责任。①这种规定可能存在一定的限制，因为转发和再次分享的行为可能会导致涉未成年人的信息在互联网上广泛传播，从而增加了其隐私泄露的风险。②

（三）域外立法模式对中国的启示

虽然各国和各地区在对待被遗忘权的态度以及制定相应价值体系和司法制度方面存在差异，但在这一发展过程中，所秉持的基本原则却保持了一致性。该原则主要体现在对已经公开的个人信息进行移除，确保个人能够防止他人透露其过往的行为，应对互联网时代的长效记忆特性所引发的潜在尊严侵犯问题，并将那些公示于众的个人信息转变为私密内容，以促进信息的被遗忘。③

首先，关于个人信息保护的专业化和系统化，值得我们深入探讨。在2012年，全国人民代表大会常务委员会通过了我国的一个重要法律文件《关于强化网络信息保护的决定》。该决定的目的是增强对网络环境中个人信息的保护，以保障网络空间的安全与秩序。尽管如此，该决定主要侧重于原则性的规定，而在具体的实施条例和操作指南方面则显得较为欠缺。

---

① Michael L. Rustad & Sanna Kulevska. Reconceptualizing the Right to be Forgotten to Enable Transatlantic Data Flow [J]. 28 Harvard Journal of Law & Technology，2015：349−380.

② Jaclyn Kurin. Does the Internet Eraser Button for Youth Delete First Amendment Right of Others [J]. 4 Revista de Investigacoes Constitucionais，2017：11−27.

③ Meg Leta Ambrose. It's About Time：Privacy，Information Life Cycles，and the Right to Be Forgotten [J]. 16 Stanford Technology Law Reviews，2013：371.

在长期的实践中，现行的法律体系在个人信息保护的全面性方面存在缺陷，其结构设计也不够合理，这使得其在个人信息保护方面的实际效果不尽如人意。这些问题突出反映了我国在制定个人信息保护法律过程中所面临的挑战和存在的问题。因此，有论点认为，我国的法律制定机构正在积极准备起草一部专门针对个人信息保护的法律草案。值得欣慰的是，这部法律已于2021年正式颁布。近年来，我国对网络空间中个人信息保护的关注逐渐提升，这在很大程度上得益于《网络安全法》和《电子商务法》的相继实施。然而，这些新兴法律主要关注个人信息的收集和使用阶段，对于后续的信息处理环节涉及较少。值得赞赏的是，2021年新近颁布的《个人信息保护法》在一定程度上弥补了这一不足，对信息管理者在其个人信息的收集、存储、使用和处理等各个环节实施了全面的规范。该法律确立了保护个人信息的持久框架，具有划时代的意义，标志着我国个人信息保护立法迈向了新的高度。美中不足的是，《个人信息保护法》实施时间较短，发展起步相对较慢。在立法经验和司法实践方面，与西方国家相比仍存在诸多不足，有待不断改进与发展。随着我国颁布了专门性的个人信息保护法，其他部门法也将随之进行修订以实现衔接，例如，针对不同行业的特点和信息处理方式，制定更加具体的规则和标准，明确个人信息处理者的义务和责任。同时，通过修订其他部门法，可以消除不同法律之间的矛盾和冲突，确保个人信息权益得到充分保障。

其次，构建专门的个人信息保护机构并加强行业自律，值得我们借鉴。成立专门机构的初衷在于防止被遗忘权的滥用。该机构的核心任务是监控机构与组织在数据搜集、应用等方面的行为，并确保后期在适当时候对数据进行删除。此外，这些机构还负责处理个人信息相关的投诉和纠纷，并确保个人信息的合理利用和安全保护。根据欧盟通用数据保护条例（GDPR）第41条的规定，明确了数据保护监督员的职责，即监督机构和组织在数据收集和使用方面的行为，并确保后续数据的删除。在欧洲联盟成员国中，也成立了相应的信息保护专门机构，例如，法国设立的国民信息与自由委员会便是其中之一。这些机构旨在保护个人的信息权益，确保个人信息不被滥用或侵犯。这些机构与数据监督员一起，共同构成了个人信息保护的监管体系，为个人信息的安全和隐私提供了有力保障。我国应当参考欧盟的经验，加强个人信息的保护。此举不仅对于个人信息保护具有重要意义，而且在网络全球化的时代背景下，信息的传播已经不再受限于地域，因此，借鉴欧盟的经验同样可以为我国及其他国家的信息主体提供申诉和司法救济的桥梁。这种做法不仅有助于提升个人信息保护的水平，还可以促进国际间的合作与交流。另外，我国信息安全面临的一个主要挑战是网络企业行业自律的缺失。仅仅依靠立法和政府行政指令可能会对企业造成过大压力，特别是在网络行业中，中小企业占据了绝大多数。中小企业在成长阶段往往寻求更大的灵活性和决策自由，因此，过于严苛的个人信息保护法规可能会对它们的扩展和成熟带来负面影响。此外，对于当前的中国经济而言，过度的个人信息保护可能不利于其增长潜力的发挥。为了解决这一问题，我们可以参考美国和日本等国家在这方面的实践经验，建立更为灵活的个人信息保护机制。通过发挥行业协会的关键作用，制订行业自律性规范，指导企业提升对个人信息保护的重视程度。此举不仅能够降低企业的压力，同时也有助于促进网络产业的发展，并确保个人信息的安全与隐私得到妥善保障。①

经过以上分析，笔者主张在构建我国被遗忘权保护制度的过程中，可以吸取国外有益的经验，对现行的相关法律规范进行修订或拓展解释。以现行法模式为基础，同时在新出台的《民法典》和《个人信息保护法》中以一般法和特殊法的双立法模式确立被遗忘权，从而共同保护这一权益。

二、通过《个人信息保护法》保护"被遗忘权"

自 2021 年 11 月 1 日起，《个人信息保护法》正式实施。该法第 47 条

---

① 梁祥磊. 网络时代被遗忘权法律保护研究 [D]. 兰州：兰州大学，2020：42—43.

对"删除权"的内涵与外延进行了明确规定，本条第三款中明晰了"个人同意撤回"这一具体行使条件，允许个人利用该法律规定来达到维护其信息"删除权"的目标。为了保障信息主体的"被遗忘权"，有必要对《个人信息保护法》第47条的其他四款内容作出相对明确的规范，如第一款："在处理目的已达成、无法达成或不再必要的情况下，具体标准的确立。"因此，法律解释的途径可以用来改进《个人信息保护法》对"被遗忘权"的保障机制。作为个人信息安全防护的关键要素，被遗忘权应当在我国的《个人信息保护法》中单独成章，具体明确其权利的享有者、权利的相对人以及义务的承担者等，进而详尽地阐述被遗忘权的适用规则、侵权的豁免理由以及法律救济的途径等。通过此种方式，我们能够更有效地保护个人信息安全，同时维护公民的合法权益。

第一，需要精准界定被遗忘权的权利主体、权利对象以及义务主体。权利主体是指通过合法手段可以识别到的自然人。在考虑公众人物和社会公职人员这两类主体的被遗忘权适用范围时，我们必须认识到他们对社会的影响力以及个人信息的公开性。公众人物的言行举止往往受到广泛关注，其个人信息更容易被传播和利用。因此，针对公众人物，被遗忘权的适用范围应更加严格，以防止其个人信息被滥用或误导公众。权利对象包括涉及数据主体的个人信息以及那些能够通过网络数据信息识别人物身份的数据。这类数据构成了个人在数字世界中的"数字身份"，对于维护个人隐私和信息安全至关重要。而被遗忘权的义务主体主要涉及负责信息收集的机构以及那些利用信息获取商业利益的企业法人等。这些机构和企业作为数据处理和控制的主体，承担着保护个人信息的职责，确保个人数据的合法处理。他们应当采取适当的技术和管理措施，以确保个人信息的安全，防止数据泄露和滥用。

第二，需要强化对特殊群体的保障。在互联网时代的背景下，对未成年人被遗忘权的维护显得尤为重要。数据的累积与存储，已逐渐成为我们记忆的延伸，极大提高了我们处理日常与工作挑战的效率和便捷性。然而，这种数据存储的便利性也伴随着潜在的风险，可能会对数据主体的未来产生不可预见的负面影响。特别是对于未成年人来说，若他们在网络空间中的失当行为或是不成熟言论被长期记录并保存，这无疑会对他们成年后的生活带来消极的影响。①针对未成年人保护这一问题，美国加利福尼亚州的"橡皮擦法案"为我们提供了具有借鉴意义的相关规定。在与成年个体相比较的立法框架中，我国应当赋予未成年人个人信息保护以更高的优先级。近期施行的《个人信息保护法》将个人信息保护的范畴扩展至未满十四周岁的未成年人，将其个人信息标识为敏感类别，这一举措显著强化了对未成年人个人信息安全的法律保障。但是，目前尚未赋予未成年人已公开信息"被遗忘"的权利。②此外，也考虑借鉴欧盟被遗忘权对公众人物的特殊规定。

第三，需要阐明权利内容。①阐明权利的法律适用规则。数据主体有权要求数据控制者移除未经许可的个人信息；一旦合同期满，网络运营商的数据使用权利便告终止；对于那些虽未明显产生负面影响但存在潜在风险的个人数据，数据主体有权请求移除；为公益目的收集的数据信息在目的实现后，数据主体有权要求删除；信息主体的个人犯罪记录，在符合实际情形下，可主张被遗忘权，为其重新融入社会创造机会。②阐明权利行使的限制情况。实施被遗忘权可能会引发与言论自由权的矛盾。考虑到我国的社会现状，为了在公共领域与个人隐私之间达成平衡，应对被遗忘权的适用条件应施加具体、明确的限制，即在执行被遗忘权时，不得对其他社会公共利益造成损害。③阐明侵犯权利的豁免事由。在特定情况下，被遗忘权的侵犯可以被免除责任，这些情况主要包括：保障国家安全和公共

---

① 董亚君.美国青少年网瘾研究现状及对策对我国的启示［J］.社会心理科学，2012，27（9）：36—38.

② 该法第二十八条规定：敏感个人信息是一旦泄露或者非法使用，容易导致自然人的人格尊严受到侵害或者人身、财产安全受到危害的个人信息，包括生物识别、宗教信仰、特定身份、医疗健康、金融账户、行踪轨迹等信息，以及不满十四周岁未成年人的个人信息。只有在具有特定的目的和充分的必要性，并采取严格保护措施的情形下，个人信息处理者方可处理敏感个人信息。

利益的需要、依法授权的场合、数据主体自行公开信息以及公开犯罪记录等。然而，网络运营者由于技术缺陷导致的信息侵权行为，其责任不应被豁免。对于未成年人的犯罪记录以及不涉及公共利益的受害者的隐私信息，应当考虑制定特殊的法律规定。同样，在科学研究和数据分析领域，也可以考虑给予一定的豁免。[①]

第四，需要明确法律责任。在数据控制者不愿履行删除个人信息的义务时，数据主体拥有诉诸法院的权利，旨在要求其承担相应的法律责任。对于侵犯被遗忘权的行为，法律责任主要体现为民事责任，但在特定情况下，也可能延伸至行政和刑事责任的范畴。在司法实践中，一旦侵权行为得到确认，数据控制者将不可避免地面临相应的法律责任，这可能包括但不仅限于停止侵权行为、公开道歉以及赔偿由此造成的精神损失和经济损失等。对于性质恶劣的侵权行为，例如散布诈骗信息、邪教宣传、色情及毒品内容等，相关机构有权实施一系列行政处罚，如处以罚款、没收违法所得、命令暂停营业或进行全面整顿，并在必要情况下取消相关许可证。此外，若侵权行为触犯刑法条款，还将对责任人提起刑事诉讼。

第五，需要扩充救济途径。救济途径的扩充是必要的。在民事领域，对于被遗忘权的补充救济途径包括请求停止侵权行为、消除不良影响以及寻求经济补偿或精神损害赔偿等。特别是，当权利主体在请求义务主体移除侵犯数据时遭到拒绝，该权利主体可以向司法机关提出诉讼，以获取法律救济。

三、通过《民法典》保护"被遗忘权"

（一）人格权编对"被遗忘权"的保护

在第二章中，我们深入探讨了被遗忘权的法律特征，从法律理论的根

---

① 王利明. 论个人信息权的法律保护：以个人信息权与隐私权的界分为中心 [J]. 现代法学，2013，35（4）：62—72.

基出发，详细阐释了其定义和内涵。被遗忘权作为一种补偿性权利，旨在维护个人尊严和信息自决，可视为人格权与个人信息权的子权利。因此，被遗忘权应受到《民法典·人格权编》的保障。

《民法典》第990条明确了人格权的定义，即除了明确列举的人格权外，自然人还享有人身自由和人格尊严衍生出的其他人格权益。同时，第1034条强调了自然人的个人信息依法受到保护。尽管这些条文并未直接提及"被遗忘权"这一术语，但通过深入解读其文本内容，我们可以推断出被遗忘权的保护应纳入"维护人格尊严"和"确保个人信息安全"的范畴。

从本质上来看，被遗忘权拥有人格权的本质特征。因此，将"被遗忘权"纳入《民法典》中的人格权部分，或者通过司法解释将其加入《民法典·人格权编》中，并以侵权责任编作为其救济途径，构成了一个有效的人格权保护机制。这种机制能够为个人提供更全面的法律保护，确保个人在数字世界中的隐私和信息安全得到应有的关注和维护。

（二）侵权责任编对"被遗忘权"的保护

1. 适宜采用过错推定（举证责任倒置）的归责原则

在我国现行法律体系下，针对侵犯"被遗忘权"的侵权责任归责原则可划分为以下三个方面：一般过错责任原则、过错推定原则及无过错责任原则。在考虑将"被遗忘权"纳入侵权责任法的框架时，必须明确适用于该权利的归责原则。笔者认为，鉴于"被遗忘权"的定义、特性及其在实践中的体现，采取过于严苛的无过错责任原则——例如欧盟的通用数据保护条例（GDPR）所采用的原则并不适宜。相反，应当采用过错推定原则来确定责任归属。这一立场主要基于以下几点论据：

第一，采纳一般过错责任原则在实践中可能会使数据主体面临举证难题。通过对一般过错责任原则的责任构成要素进行分析，我们能够意识到这一归责原则对数据主体提出了较高的举证负担：在遭受权益侵害时，信息主体（被侵权人）需证实侵权人的侵权行为、自身所受损害以及二者之间的因果关系，有时甚至还需证明信息处理者（侵权方）具有故意或显著过失的过错。对大多数侵权受害者而言，这无疑是一个巨大的挑战。他们可能对计算机技术仅有有限的了解，或者根本不具备相关知识。在对抗拥有丰富社会资源和专业法务团队的法人实体时，他们在证据提供和解释方面的能力显然存在不足，这可能导致他们在诉讼中处于极为不利的地位。

第二，从法律理论与责任划分的视角来看，无过错责任原则可能实行得过于严苛。该原则一般适用于那些涉及替代责任且造成严重社会危害的侵权行为。因此，无过错责任原则的实施常常遵循这样的逻辑：无论侵权行为者是否有过错，只要其行为满足了无过错责任原则的构成条件，他就应当负担相应的侵权责任。这种责任归属方式在法律理论界揭示了其惩罚性和惩戒性的核心属性。然而，在涉及侵犯"被遗忘权"的案例中，所承担的侵权责任既不是替代责任，也不属于造成显著社会危害的侵权行为。因此，"被遗忘权"并没有适用无过错责任原则的理论基础和惩罚的必要性。在我国的《民法典》中，对于无过错责任原则的适用，有明确的规定：侵权行为者可以在特定情况下提出免责申请，这些情况可能包括重大过失、受害者的故意行为以及不可抗力等因素。然而，当这一原则被应用到"被遗忘权"的侵权案件时，数据管理者如果要证明受害者存在故意或重大过失，实际上是一项颇具难度的任务。在现实生活中，数据控制者与受害者通常无法进行直接且有效的交流，这使得判断受害者是否真的具有故意或重大过失变得更加困难。

第三，正如先前所讨论的，在一般过错责任原则和无过错责任原则均不适用的情况下，将侵犯"被遗忘权"的行为纳入过错推定责任原则这一妥协的归属方式显得尤为合理。我国《民法典》应当避免过度干涉公民的自由和权利，因此在法律适用上，若采用无过错责任原则可能会导致过度矫正。为了规避侵权行为的风险，信息控制者可能会谨慎监控侵权相关信息与行为，这不可避免地会对网络信息的自由传播造成一定的限制。然而，倘若采用一般过错责任原则来确定责任，那些已经处于主导地位的数据控制者可能会进一步强化其优势，从而导致权利的过度扩张。在决定侵权责任的归属原则时，应当综合考量各方的权利与义务，因此，与其他方法相比，过错推定责任原则显得更为中和。观察过错推定原则的具体规则及其责任构成要件，我们可以发现，信息控制者仅在有过错的情况下才需负责，然而，在这个基础上，数据控制者还必须负责更大的举证负担。这种中和的方式既确保了数据控制者的日常生活和生产的稳定性，又在一定程度上减轻了数据主体的举证压力，同时还能对处于弱势地位的侵权受害者提供保护。

2. 适宜合理适用的侵权责任救济方式

从承担侵权责任的形式来看，我国《民法典》已明确了损失赔偿、制止侵权、消除影响、道歉等责任承担方式。在侵害信息主体"被遗忘权"的情况下，要求侵权人承担相应责任时，上述责任方式同样适用。

（1）停止侵害

我们生活在信息爆炸的时代，信息的传播速度和渠道已经超乎了我们的想象程度。当信息在网络上传播时，可能会迅速蔓延，对信息主体造成更大的损害。因此，数据控制者在侵权责任方面的主要义务是立即终止对数据主体的不法侵害。在侵权事件发生时，受害方有权向法院提出诉求，寻求判决侵权方立即执行特定措施，即要求数据控制者迅速移除相关的数据和信息。

（2）赔偿损失

在我国的《民法典》中，对于受害人所遭受的损失，区分为精神损害和财产损失两大类。在侵权责任的法律编纂中，核心原则是填平原则，即旨在弥补受害人的损失，使其恢复到受损前的状态。在精神损害的赔偿问题上，由于法律的规定和司法实践对于损失的认定标准通常较为严格，因此在具体的案件审理过程中，是否应当赔偿精神损害以及赔偿的具体数额，往往由法官根据情况行使自由裁量权。至于财产损失的确认，则主要涉及以下几个关键方面：

首先，侵害行为导致的受害方财产损害，其根源在于信息控制者未能彻底执行数据清除的职责。其次，在财产损失难以直接评估的情况下，可以考量信息控制者因未全面执行信息清除职责而获得的直接经济利益，以此来衡量受害方的财产损失，并据此进行补偿。例如，如果信息控制者的网站或平台因包含侵权内容而获得了额外的流量和关注，这可能会带来额外的收入，如广告收入。这部分额外收益可以被视为信息控制者因侵权行为所获得的利益，并可用于补偿受害方所遭受的损失。

（3）赔礼道歉

实施第三种侵权责任——公开道歉时，我们经常遭遇实践中的执行难题。即便是在私人之间，这种责任履行方式也难以达到预期的效果。公开道歉的性质具有强制性，但强制性的责任履行方式在实际操作中往往成效不佳。此外，公开道歉的责任履行方式实际上与人权相冲突。在涉及"被遗忘权"侵犯的诉讼案件中，通常侵权行为是由搜索引擎公司所为。考虑到社会影响和商业信誉等因素，侵权方可能会拒绝进行公开道歉。因此，为了解决这一问题，建议法官在行使自由裁量权时，可以将涉及侵权行为情节严重的败诉判决书公开发布在具有广泛影响力的本地平台或媒体上，以此作为一种替代形式的公开道歉。这种有效地替代传统方式的公开道歉方式，通过在具有广泛影响力的平台上发布判决书，可以增加判决的透明度和公信力，进一步强化对侵权行为的制裁和威慑，避免侵权方因拒绝道歉而造成更大的社会负面影响。

（4）消除影响

信息的快速传播和广泛的覆盖范围使得在"被遗忘权"的诉讼案件中，彻底消除不良影响的任务极为艰巨。因此，在这种情况下，执行消除影响的侵权责任承担方式遭到了显著的挑战。一旦信息数据广泛散布，原本的信息控制者可能会变成众多分散的信息控制者，这极大地提高了消除信息负面影响的难度。

第二节　中国被遗忘权保护的权利结构完善

除了在宏观层面对被遗忘权的立法模式进行正确选择，还应该在微观层面对被遗忘权的范围和边界进行限制，对权利构成加以明确，从而保障被遗忘权在中国的规范发展。

一、界定权利的主体范围

为了深刻探究被遗忘权的归属问题，必须从两个核心视角——权利所有者和责任承担者——进行细致的探讨。所谓的权利所有者，是指那些拥有享受被遗忘权以及实施该权利能力的个人。相对地，责任所有者则指的是那些需要承担相应责任的个人或实体。只有对这两者之间的相互作用有了深入的理解，才能在现实操作中更有效地维护被遗忘权的实现。

（一）权利主体

在分析被遗忘权的权利主体时，我们必须首先对其概念和界限进行清晰的界定。所谓权利主体，亦即信息主体，指的是那些拥有被遗忘权并能够行使该权利的个体。根据我国《民法典》的规定，被遗忘权的权利主体被明确为拥有人格权属性的自然人，这反映出该权利与人的尊严和表达自由紧密相连。需要强调的是，这一权利主体并不包括法人或其他团体。某些学者提出，在处理各个领域的权利主体时，应当根据具体情况对其进行适当的区分。也就是说，特定的主体应当接受特定的保护措施，并且根据他们各自的身份特征，实施差异化的规范。在这些权利主体中，有一部分属于身份特殊的群体，他们应当接受特别的关照。这类群体可被划分为以下几个主要类别：一是包括知名人士和政府官员在内的强势群体；二是涵盖未成年人和受害者等在内的弱势群体；三是涉及罪犯和恐怖分子等在内

的危险群体。[①] （参考图 5 - 1 ）

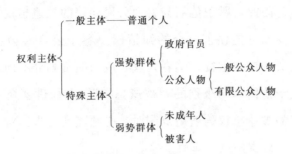

图 5 - 1　被遗忘权的权利主体类型

首先，应当重点关注那些拥有特殊地位的群体，例如公众人物。他们与普通公民身份的个人存在显著差异，主要表现在他们所拥有的特殊身份上。这种特殊身份赋予了他们较高的社会阶层地位、较大的信息传播影响力以及广泛的辐射范围等特征。这些特征使得公众人物的言论和行为在现实社会中常常受到广大民众的密切关注和监督。此外，公众人物背后的社会经济利益也是不可忽视的因素。这些利益关系往往与公众人物的言行密切相关，因为他们的言行可能会直接影响到相关的商业利益或社会影响力。因此，在探讨被遗忘权的主体问题时，我们需要充分考虑到这些特殊群体的特征和利益关系。起初欧盟在提出被遗忘权这一概念时，担忧某些信息主体可能利用此权利消除自身过去的负面信息。然而，在欧盟法院通过判决支持原告冈萨雷斯的网页链接删除请求之后，确实有不少的公众人物提出了删除不良信息的请求。这一现象表明，该权利可能被部分信息主体用作消除不良声誉的工具。[②] 如果满足公众人物的删除诉求，可能导致他们更加忽视日常言行举止。尽管过去可能曾有媒体报道过与之相关的负面新闻或报道，但经过一段时间后，这些负面痕迹可以被轻易抹去。这种现象对社会良好风气的培养是不利的。有国内学者提出，鉴于公众人物的

---

① 李园．被遗忘权的法定化研究 ［D］．长春：长春理工大学，2019：25.
② 李立娟．英媒谴责谷歌滥用 "被遗忘权" ［N］．法制日报，2014-07-08.

职业属性，要求他们维持一定程度的公众关注度和透明度，以持续吸引社会大众的关注。因此，赋予他们与普通公民同等的被遗忘权并不契合他们的职业属性，反而可能损害公众的知情权。①鉴于公众人物在社会各个领域均受到广泛的关注和重视，笔者建议，应当明确划分不同公共角色的信息主体，并授予他们不同级别的"被遗忘权"。在探讨公众人物这一特殊主体所应享有的被遗忘权的适用范围时，必须谨慎行事，对他们的权利实施适当的限制，以保障其合理性。

对未成年人的专门保护措施，同样是一个必须慎重处理的问题。某些观点认为，由于未成年人缺乏社会阅历以及辨别对错的能力，他们应当被视作一个特殊群体，并接受倾向性的保护。这种保护措施旨在为他们提供反思和悔过的机会，同时也需界定相关当事人在教育和责任方面的义务。②根据欧盟法律，未成年人被遗忘权的核心是，当未成年人认为其个人信息被不公正地收集或处理时，他们有权要求删除这些信息。此外，欧盟还规定了相关机构在处理未成年人个人信息时的义务和责任。美国的"橡皮擦法案"赋予了未成年人删除网络中留下的痕迹的权利。该法案旨在保护未成年人在网络上的隐私权和安全。如果未成年人认为自己在网络上的个人信息被不公正地收集或处理，他们可以要求相关机构删除这些信息。我国新出台的《个人信息保护法》将未成年人的信息归为敏感信息，并作出了特殊规定。在实际操作中，为了增强对未成年人自行公布信息的监察与保护力度，本书提议，在各种社交网络平台及应用程序等处，构建一个专门针对未成年人个人信息安全的保护机制，并为未成年人提供一条"快速删除请求通道"。换言之，当未成年人或其监护人申请删除个人数据时，承担义务的实体应优先进行审核，并按照"迅速且必要"的标准执行删除操作。通过这种方式，被遗忘权的效用得到最大化的体现，未成年人

---

① 杨立新，韩煦. 被遗忘权的中国本土化及法律适用 [J]. 法律适用，2015 (2)：24—34.

② 满洪杰. 被遗忘权的解析与构建：作为网络时代信息价值纠偏机制的研究 [J]. 法制与社会发展，2018，24 (2)：199—217.

群体得到特别关注，这有利于促进他们的健康成长和未来发展。[①]

值得关注的是，被遗忘权的起源可追溯到法国的"忘却权"理念，其核心目的是为罪犯在刑满释放之后提供一个重新做人的机会，以帮助他们更好地融入社会。然而，有研究者表达了担忧，他们担心被遗忘权可能会被误用，导致其原定的目标发生扭曲，进而变成一种掩饰不良历史信息的工具。如果被滥用，这无疑会对社会秩序和稳定造成不利影响。针对这一问题，世界各国根据自身的具体情况制定了各自的法律规定。以法国和西班牙为代表的欧盟国家强调保障公民人格权利的重要性，他们认为即使是罪犯也应当享有基本的人格尊严。因此，在罪犯信息的保护方面，这些国家相较于其他国家的做法表现出更为重视的态度。他们认为，在罪犯服刑结束后，应该有机会重新融入社会，而保护罪犯的信息有助于减少对他们的歧视和排斥。[②] 相对而言，部分国家可能更侧重于对罪犯的惩罚与改造，而非关注罪犯信息的保护。这种做法可能导致罪犯在刑满释放后仍面临诸多困境与歧视，如就业困难、社会排斥等。美国的一个案例生动地展现了该国在这一问题上的立场——盖茨诉探索通信公司案（Gates v. Discovery Communications）。在该案例中，原告请求法院删除关于他犯罪行为的纪录片，认为作为释放的囚犯，他有权利要求停止报道和传播相关内容。但是，法院并没有支持原告的请求。[③]在中国引入被遗忘权的相关讨论中，国内学术界对此意见分歧。一部分学者坚持认为，被遗忘权的权利主体应当包括罪犯，即便他们在受到刑罚甚至在服刑结束后，仍然应当拥有重返社会的权利，类似于中国已经实施的针对未成年人的"犯罪记录封存制度"。然而，另一部分学者持不同看法，他们认为被遗忘权的适用应当基于罪犯具体构成的社会危险程度，从而对其权利实施不同程度的限

---

① 李芷卉. 网络环境下被遗忘权本土化的问题研究 [D]. 石家庄：河北经贸大学，2022：21.

② 胡彦涛. 自媒体时代表达自由法律限制的论证方法 [J]. 政治与法律，2016 (3)：66－78.

③ GATES v. DISCOVERY COMMUNICATIONS INC (2003) [EB/OL]. [2022-09-09]. https：//caselaw. findlaw. com/ca-court-of-appeal/1324402. html.

制。对于主观恶性强烈、社会危害性大的罪犯，被遗忘权保护不予适用。

本书认为，中国在借鉴国际经验的同时，应结合国内具体实情，全面评估权利主体请求移除的个人信息的特征，并依据该信息是否涉及公共利益领域来决定是否提供被遗忘权的保护。在考虑时，应将国家和社会的公共利益置于首位，对罪犯的被遗忘权实施适当的限制。只有在罪犯能够证明请求移除的信息属于私人性质的情况下，他们才有权利要求相关义务主体实施断开链接、屏蔽内容或删除信息等有效行动。

从上述内容可以得知，对于优势群体，应在一定程度上限制其权利范围。一方面，公众人物和政府官员借助其社会地位和影响力，有能力澄清虚假信息，而一般公众则缺乏这种能力。另一方面，他们的个人信息数据通常与公共利益有着密切的联系。因此，当被遗忘权与公众知情权、言论自由发生冲突时，处于优势地位的群体应当适当地放弃部分权利，以便更好地维护公共利益。对于处于弱势地位的群体，应提高其保护的优先级，将其作为重点保护对象。这是因为未成年人的心理尚未完全成熟，许多信息对他们未来的学业、职业发展等有着决定性的影响。对未成年人实施法律保护是世界各地普遍认同的价值观。[①]由于被害人在遭受权利侵害后所体验到的痛苦，他们比普通人群更加需要法律的保护，以确保他们能够顺利地重新融入社会。对于那些可能带来危险的群体，法律应该根据其可能带来的具体危害程度来限制其权利，从而确保国家和公众的安全。同时，针对不同群体，如强势群体、弱势群体和危险群体，应对其权利界限进行恰当的调整，以便更精准地协调个人信息自主与言论自由、个人信息自主与公众知情权之间的平衡。在将被遗忘权纳入法律的过程中，我们遭遇了众多权利与权利、权利与利益之间的碰撞。因此，确立被遗忘权的权利主体，特别是对特定群体的权利范围进行适宜的调整，这无疑是解决这些权

---

① 李芷卉.网络环境下被遗忘权本土化的问题研究［D］.石家庄：河北经贸大学，2022：21.

利冲突的核心所在。①

（二）义务主体

在数据驱动的时代背景下，明晰被遗忘权的义务主体，对实现被遗忘权的有效实施和保障权利具有重要意义。从字面意义上理解，该义务主体是指那些在权利主体提出请求后，负责执行删除相关信息的任务，实际操作中断开、屏蔽或删除与个人信息相关的链接和内容的人员。在评估被遗忘权的义务主体时，我们必须从多个视角进行综合分析。义务主体的职责在于去除信息，能够执行"去除信息"操作的主体不仅限于存储该信息的网站平台，还应涵盖信息的发布者、网站的管理者、传播该信息内容或网页的第三方实体，以及通过复制、下载、截图等手段保存信息的其他网络用户。在对义务主体进行界定方面，学术界的研究者基于各自的关注点和理论视角，提出了不同的看法。一些研究者认为，在探讨被遗忘权的义务主体时，可以根据使用信息的用途差异，将其分为公共实体（公主体）和私人实体（私主体）两大类。②总之，不论目的如何，对义务主体的划分旨在明确履行删除义务的主体范围，确保被遗忘权的价值得到充分实现。特别是当义务主体为公共机构时，在立法过程中应给予特别关注。③由于公共机构在收集和处理个人资料方面比一般私人机构具有更权威和便捷的优势，因此获取的公民个人信息通常更全面，隐私程度更高。在责任追究方面，公共机构自然也比私人机构更为严格。例如，德国法律规定，根据该法，公共机关在自动化数据处理中违反数据保护相关规定，给数据主体造成损失时，应承担严格责任。假设一个城市的社会福利局（公共机关）在进行自动化数据处理时，没有按照法律规定的要求保护个人隐私，导致一个申请人的个人隐私信息泄露给其他人。因为这个社会福利局没有遵守

---

① 李园. 被遗忘权的法定化研究 [D]. 长春：长春理工大学，2019：26.

② 齐爱民. 中华人民共和国个人信息保护法学者建议稿 [J]. 河北法学，2019，37（1）：33－45.

③ 公主体是指曾依法为公共事务或利益需求，征得信息主体同意，采用合法手段和措施，收集、处理、决定个人信息的国家权力机关；私主体则是指为一般目的，如个人兴趣、商业、营利、职业等，依法并征得信息主体同意，采用合法手段、措施收集、处理个人信息的自然人。

数据保护规定，给申请人造成了损失（例如精神痛苦、经济损失等），那么这个社会福利局就需要承担严格责任，对申请人的损失进行赔偿。[①]值得关注的是，严格责任并非无限责任。在特定情况下，公共机关能够证明自己并未违反数据保护规定，或无法控制个人信息的泄露。在这种情况下，公共机关可以免于承担严格责任。此外，公共机关还可以通过购买保险等途径来降低责任风险。

不论采用哪种分类方式，义务主体均有责任删除或遮盖权利主体的信息。由于义务主体的多样性，这也间接地造成了信息数据控制方式的多样性。鉴于此，本书提出引入"共同信息控制者"这一概念的建议。在这种情况下，权利主体有权向任何一方提出主张。此外，关于如何认定共同信息控制者及其责任划分的问题也是未来研究的重要方向。[②]

二、明确权利的客体类型

被遗忘权的客体是指数据管理者需移除的个人信息。个人信息主体希望从互联网上删除曾经公开的资料，主要是因为他们担心过去的信息对当前生活产生负面影响。这反映出这些信息具有明确的目标性和具体性，能够揭示个人信息主体的独特性质或身份标识，可能会被亲朋好友识别。综合上述分析，我们能够归纳出被遗忘权所涵盖的个人数据信息具有两个显著且独特的法律属性：一是公开性，二是可识别性。在未来的法律制定过程中，这些属性需要被进一步细化和明确化。

（一）公开性

透明度涉及个人信息在网络上过往的合法披露，网络合法披露信息具有公开性。所谓合法公开的数据，不应仅限于狭义上信息主体主动发布的资料，还应扩展至广义范围，涵盖他方发布的与个人有关的信息，以及公

---

① 郭瑜．个人数据保护法研究［M］．北京：北京大学出版社，2012：137－141.
② 李园．被遗忘权的法定化研究［D］．长春：长春理工大学，2019：26.

共部门等第三方基于社会事务或公共利益目的考虑而公开的资料。

审视国际上的立法实例，我们发现不同国家对于被遗忘权的涵盖范围有着不同的界定。以欧盟法规为例，被遗忘权的适用范围不仅限定于非法公开的私密信息，还扩展到了合法公开的个人信息。例如，在"冈萨雷斯诉 Google 案"的审理过程中，欧盟法院基于上述理念，裁定 Google 尽管虽然是一个提供搜索服务的网络平台，但鉴于其通过特定的数据处理算法对他人发布的信息进行组织和呈现，根据"95 指令"的相关条款，将其认定为"信息控制者"，从而使得 Google 肩负起删除合法公开信息的义务。在美国，虽然对被遗忘权的法律保护仅适用于未成年人这一特定类别，但同样地，美国被遗忘权所指向的信息范围包括那些与特定未成年人的身份紧密相关的已经公开了的个人信息。而在中国目前的个人信息保护法中，"删除"的对象除了包括非法公开的信息外，暂未包括对合法公开的个人信息的删除处理。另外，值得注意的是，我国现行法律规定，通常情况下，未公开的信息不为他人所知，因此将其纳入隐私权保护范畴。例如《民法典》第 1034 条规定，当个人信息中涉及私密信息时，应适用有关隐私权的法律规定。对于没有专门规定的情况，则应适用有关个人信息保护的法律规定。①

（二）可识别性

作为被遗忘权对象的一个重要特征，个人信息还具有"可识别性"，即该信息能够被与他人区分开来；具有明确可识别性特点，意味着该数据能够被辨认为特定个体的信息，具有清晰的识别标志。这一特性可以进一步被区分为直接识别和间接识别两种形式。直接识别的信息通常包括具有唯一性和不可替代性的身份特征（如肖像、身份证、指纹、声音等）；而间接识别则是指通过一定的数据收集和处理过程，根据结果找到相应信息

---

① 我国民法典对隐私权和个人信息的保护［EB/OL］.（2020-07-30）［2022-07-27］. https：//www. chinacourt. org/article/detail/2020/07/id/5383094. shtml.

主体的数据。可识别性的程度能够直接反映出信息之间的关联程度（如个人的身份证号、医院的诊断证明、防疫健康码等），其具有明确的身份指向性，是独一无二的信息。在使用这类信息时，如果不当使用，可能会对相关人员产生不利影响。以新闻报道为例，当媒体发布关于负面事件的报道时，倘若在配图中不当使用了与所述事件无关的个人的照片或视频，这可能会对那些被错误关联的个人声誉及社会评价造成不利的影响，可能侵犯其名誉权和隐私权等。^①在这种情况下，配图中的当事人有权要求删除该报道，从而使该新闻逐渐被社会公众遗忘。

尤其在当今社会，个人信息往往与财产利益紧密相关，这种联系赋予了掌握大量个人信息的个人或实体以推动发展和宣传的积极性。值得注意的是，被遗忘权旨在保护信息主体的人格尊严。然而，被遗忘权的适用范围越广泛，承担相关义务的主体所肩负的责任就越重。因此，在将被遗忘权纳入法律框架的过程中，对被遗忘权适用范围的合理和准确界定对于深化对其概念的理解和明确其内涵至关重要。

三、完善权利的适用情形

关于被遗忘权的应用，其内容涉及两个主要的层面：一是信息主体所拥有的权利，二是信息管理者需承担的责任。

（一）权利的行使

在行使被遗忘权时，必须在一定的界限内进行，以确保权利持有者的要求得到满足，并充分保障其个人信息所涉及的人格权益。这是被遗忘权的核心价值所在，也是其最重要的原则之一。在前面的章节中，我们探讨了被遗忘权的主体多样性，这些主体各自有不同的权利范围。然而，不论权利范围如何差异，至少应当包含两个方面：移除和限制。在具体执行权

---

① 齐爱民．拯救信息社会中的人格——个人信息保护法总论［M］．北京：北京大学出版社，2009：86.

利的过程中，我们必须关注两个方面：首先，信息主体提出删除请求，所请求删除的信息必须已被信息管理者收集和处理，并且该信息系合法披露，能够通过信息中包含的可识别信息来明确指向信息主体即权利主体本身；其次，信息主体请求删除的信息已过时、不准确，或者该信息已经对权利人造成威胁或实际损害，只有当这些条件得到满足，我们才能认为这是按照法律规定进行的被遗忘权的执行。

那么，如何具体衡量信息主体与已公开的个人信息之间的联系强度呢？这是一个重要的问题。首先，我们需要确认该个人信息是否已经对权利主体造成了实际损害。如果已经造成了损害，那么这种联系的强度就相对较强。其次，我们还需要考虑在当前网络环境下，这些信息可能对信息主体构成何种潜在风险。例如，个人信息泄露可能会导致身份盗窃、隐私侵犯等问题。因此，我们需要在衡量联系强度时，充分考虑这些潜在风险。由此可见，为了保护权利主体的人格权益，这些个人信息没有必要继续存在，因此信息主体可以根据相关法律规定要求删除，从而实现维护自身权益的目标。

（二）义务的履行

义务的履行在本书中特指，当权利主体提交的删除申请符合法定情形时，信息控制者应负起的法律责任，即删除相关的个人信息。这一过程不仅涉及对权利主体权益的保护，还涉及对个人信息权益的尊重和维护。根据《个人信息保护法》第47条的规定，如果处理的目的已经达成，或者即使目的未能实现但现实情况已不再需要处理，信息控制者负有主动移除个人信息的法定义务。值得注意的是，从比较法的角度来看，欧盟的通用数据保护条例（GDPR）所规定的被遗忘权的实施，不仅限于要求义务方消除特定的信息，还涵盖了三个主要方面：首先，信息控制者需承担审查责任。当权利人以书面形式提出删除相关信息的请求时，信息控制者需要对书面申请进行细致而严格的审查。这一审查过程旨在确定申请是否满足被遗忘权的行使条件。其次，信息控制者需承担删除责任。在特定情况下，一旦满足了法律规定的删除个人信息的要求，除了执行实际的删除操作外，信息控制者还应当实施如屏蔽信息或切断相关链接等补充措施。最后，信息控制者还有通知责任。在完成删除责任后，必须及时通知所有相关方删除相关信息。

除前述的三个主要责任外，本书建议，为了更有效地增强被遗忘权对个人尊严的保护力度，网络数据平台应当承担起一种新的义务，即提供更为明显的警示和提醒功能。为了确保个人信息的准确性和安全性，并进一步保护信息主体的权益，可以采取一系列保护措施：首先，后台数据分析监控应当实时进行，以便及时发现非正常状态下的个人信息搜索或点击行为。一旦发现异常情况，系统应立即自动弹出网络小窗口，提醒信息主体并征得其允许后，才可进行信息的转载等操作。同时，还可以采用加密技术对个人信息进行保护。通过加密算法和安全传输协议，确保个人信息在存储和传输过程中的机密性和完整性。这样即使在数据传输过程中被拦截，攻击者也无法轻易获取或篡改个人信息。另外，为了进一步加强信息主体的权益保护，可以建立个人信息权益保护机制。这包括为用户提供投诉和申诉渠道，以便在个人信息受到侵害时能够及时得到处理和救济。同时，还可以定期开展个人信息保护宣传教育活动，提高用户对个人信息保护的意识。这些措施将有助于确保个人信息的准确性和安全性，进一步保护信息主体的权益。

（三）适用的例外

尽管网络信息丰富繁杂，犹如星辰般浩渺无垠，但被遗忘权的保护范围并非没有限制。欧盟 GDPR 第 17 条明确规定，被遗忘权在某些特定情况下不适用。这些例外情况包括但不限于言论自由、涉及健康领域的公共利益以及历史、统计和科学研究目的的必要使用。这些规定旨在平衡不同利益之间的冲突，确保信息的合理流通和使用。在美国加州的"橡皮擦法案"中，该法案主要适用于未满 18 周岁的未成年人。这意味着，对于未成年人主动发布的信息，他们享有删除的权利。这一规定旨在保护未成年人的权益，防止他们在成长过程中因不成熟的行为而产生不良后果。此外，如果未成年人的个人信息已经进行匿名化处理、未依法行使权利或获得对价补偿，这些情况也排除在删除情形之外。为了平衡个人隐私保护和公共利益的需求，被遗忘权的适用范围应受到一定的限制。在具体实践中，被遗忘权的适用范围应根据具体的法律环境和案件情况来判断。因此，本书提倡在制定被遗忘权相关法律时，应纳入"比例原则"的考量。比例原则要求在保护个人隐私权与维护公共利益之间寻求平衡，根据具体情况采取适当的措施，确保对个人信息的处理符合比例原则的要求。

被遗忘权的法定化，即通过法律明确规定被遗忘权的行使条件和范围，是保护个人信息权益的重要举措。在实现被遗忘权的法定化过程中，需要确保目的的正当性和手段的适当性、必要性和均衡性，同时在行使被遗忘权时，必须注意与言论自由、公共利益等其他权益方面的利益平衡。被遗忘权的保护在某些特定情况下可以例外，这些例外主要涵盖以下几个重要领域：

1. 表达自由方面

实施被遗忘权可能会阻碍网络信息的传播，因此，在法律维护被遗忘权的同时，不应侵犯表达自由。

2. 公共利益方面

在司法实践中，当处理被遗忘权的保护问题时，公共利益通常享有较高的优先顺序，尤其是当其与个人隐私权的保护发生冲突时。例如，在健康和食品安全等领域，若相关信息涉及公众的健康和安全，而请求删除的个人主体提出删除请求，为了守护公共利益，负有责任的实体可以依据公共利益的考量来主张豁免责任。这种免责的情形可以被归类为一种特殊的抗辩理由，即为了保护公共利益而无需对信息主体承担删除或遮盖信息的责任。

3. 历史、统计及科研价值方面

历史、统计及科研领域的信息对人类社会进步和发展具有重大意义，这些信息不应受到被遗忘权的限制，如，具有重要历史价值的信息或与公共利益相关的信息应当予以保留。

4. 私人生活的使用方面

欧盟《个人数据保护指令》中关于个人和家庭使用情况的例外规定，在后续的 GDPR 法案中得到了更为明确的解释和补充。这一规定旨在保护个人和家庭在私人生活中的隐私权益，限制了个人数据的传播范围，确保其仅在有限的范围内使用。针对有学者担忧这种情况可能超出"熟人社会"的范畴，本书认为，尽管这种情况存在，但我们不能忽视网络服务提供商在技术层面的管理能力。通过运用先进的技术手段，网络服务提供商可以对网络信息进行有效的筛选和管理，确保个人隐私和权益得到充分保护。此外，尽管被遗忘权的核心在于赋予信息主体在网上删除不利信息的权力，以防其个人地位受损，但我们同样需要关注个人和家庭在获取信息方面的自由。这种自由可以促进个人的发展与自我实现，有助于增强社会凝聚力和文化传承。

因此，在实施被遗忘权时，应充分考虑各种因素及权益关系之间的平衡和协调。[①]

第三节　中国被遗忘权保护的配套制度措施改进

在个人信息保护的立法实践中，仅依赖建立被遗忘权法律制度来维护个人信息安全可能是过于理想化的目标。因此，我们还可以探讨在非立法领域建立一些制度性安排，这些安排可以在法律暂时缺失的情况下补充立法的不足之处，为网络空间的个人信息保护提供保障，并推动大数据产业的健康稳定发展。

---

① 梁祥磊. 网络时代被遗忘权法律保护研究 [D]. 兰州：兰州大学，2020：48.

一、构建个人信息分类体系，清晰界定部门职责

个人信息的种类繁多，其分类方式也会因标准的差异而有所不同。相应地，信息主体在行使被遗忘权时，其方式和难度也会因为所依据的标准不同而有所差异。例如，考虑到信息主体之间的区别，对于具有公共影响力的个人，我们可能会实施更为严格的限制措施。与此同时，对于未成年人，我们应当增强保护措施以确保其信息安全。此外，根据信息产生的不同途径，被遗忘权的对象可以进一步细分为个体自行发布的信息以及由他人发布的信息。通过这种分类，我们能够为审查信息制定出一致且明确的标准，并为将来处理信息问题时提供更多的实行方案和救济途径。

（一）信息主体自行公布的相关信息

现阶段，我国主要网络服务供应商向用户推出了自主删除发布内容的功能。通过网络平台发布的个人信息，尽管受到网站运营者的管理，但信息主体仍具有自主决策权。因此，信息主体在实施删除个人信息的行为时，所遇到的难度相对较低。但是，若在信息主体执行删除操作之前，该信息已被其他用户通过网页或者链接的形式进行了传播，那么一旦原始信息被移除，那些转发内容的显示将会消失，相应的链接也将不再有效。即使其他网络用户试图重新检索相关的信息，他们也无法再浏览到与信息主体相关的任何私人信息。当他们点击相关的网页时，只会看到"内容已被发布者移除"的提示，从而实现了个人信息在网络上的彻底清除。然而，我们必须认识到，如果个人信息被他人通过复制、粘贴或截图的方式保存下来，这部分信息将脱离信息主体和信息管理者的监管。这就意味着，这些信息在未来有可能被重新上传至网络并公开，从而对信息主体的隐私造成威胁。这类情况同样涉及第三方发布的与信息主体相关的个人信息。

（二）信息控制者或其他第三方依法发布个人信息

当信息的控制者或其他第三方（如新闻媒体、法院等机构）在法律允许的范围内公布个人信息于网络环境时，若信息的所有者请求移除这些信息，可能会引发被遗忘权与其他法律权益之间的矛盾。这种矛盾可能源于发布者的身份多样性、发布行为的目的性差异等因素。在这种情况下，需要运用利益衡量原则来决定是否支持信息主体删除相关信息的请求。

首先，如果其他个体或组织公开了属于某一信息主体的私人信息，且没有明确的目的，那么信息主体（权利人）应当寻求行使被遗忘权的保护。此时，信息的删除者可能会有所变动。在这种情况下，信息主体不能直接删除自己的个人信息，而只能提交书面的删除请求，通常情况下，删除的权限是由信息的控制者所掌握的。值得关注的是，在处理涉及信息主体与他人共同拥有的信息时，例如合影或新闻报道，若信息主体希望删除相关信息，而另一方则希望保留与自己有关的信息，各方的权利应当被视为平等。在这种情况下，不能单方面剥夺他人的权利，以迎合个人的需求。信息的共享者应当通过协商和对话，寻找一个对所有相关方都公正合理的解决方案。在具体的实施过程中，特别是在网络平台运营商作为信息控制者的情况下，通常不会对过时的信息进行详尽的分类，特别是根据不同的信息主体。为了规避可能的争议和法律诉讼，或者出于减少运营成本的策略考虑，他们可能会倾向于直接执行全面的删除操作。这种策略可能会简化处理流程，但同时也可能引发法律和道德上的复杂问题，尤其是在个人隐私和数据权益的保护方面。

对于那些希望删除个人信息的信息主体来说，这种删除行为可能看起来是合法的。然而，这种做法无疑会侵犯到其他信息主体的信息自由权。因此，在处理涉及多个信息主体的共同信息时，必须进行审慎的考虑。不分青红皂白地删除所有信息的"一刀切"方法，虽然在表面上看似维护了一方的权利，但实际上可能会损害其他人的合法权益。在处理这类敏感和复杂的问题时，必须仔细权衡各方的利益，以确保在保护个人信息的同时，也能够尊重和维护其他信息主体的权利。

其次，权利主体在特定环境下行使被遗忘权时可能会面临某些限制。例如，那些与公共事务紧密相连的公共机构，包括教育、卫生保健、科学研究等领域，在履行其职责时，为了确保公共安全、促进健康以及维护社会管理的稳定性，通常需要收集大量的个人数据。这些数据的处理和使用必须平衡个人隐私权与社会公共利益之间的关系，保障个人信息的合理利用，同时防止其被滥用。在这种情况下，个人利益与社会公共利益之间可能会发生冲突。因此，虽然权利主体不能直接要求删除其个人信息，但作为信息的控制者，应采取适当的措施来保护其个人信息的安全。对于这种情况，履行被遗忘权义务的实体可以对需要公开的信息进行处理，通过去除包含个人私密信息的部分，并采用模糊处理或马赛克技术等方式来确保个人隐私得到妥善保护。

二、成立个人信息保护机构，拓展行政监管渠道

在信息主体追求被遗忘权的安全时，承担信息控制职能的个体或机构在接到相关的删除要求后，必须首先开展必要的审查工作，目的是核实该要求是否符合赋予被遗忘权的标准。以我国互联网巨头 Baidu 为例，若网络用户深信 Baidu 的搜索引擎行为侵犯了其隐私权或其他合法权益，用户有权遵循既定程序提供相应的证据。这些证据随后会被呈递给 Baidu 公司进行详尽的审查。对于那些通过审查的申请，Baidu 承诺在接下来的 24 小时窗口期内移除相关的信息内容。针对这一问题，一些学者提出了不同的看法。他们质疑，作为网络服务的提供商，信息控制者是否真的具备审查网络用户删除申请的能力，以及他们是否能够代表公平与正义，这些都是需要深入探讨的问题。此外，信息掌控者在履行其责任的过程中，可能出于减少开支和防止争议的动机，对不符合规定的删除请求予以批准。将审查职责转交给法院虽然能确保其专业性和公正性，但这无疑会增加司法

系统的负担。因此，在处理此类问题时，我们需要充分考虑各方利益，并寻求一个既合理又高效的解决方案。①

专业的信息保护机构在提高国内外个人数据保护的标准方面发挥了核心作用。首先，在国内个人信息保护的范畴内，这些机构发挥了规范化的功能。一方面，通过实施问责机制，它们有效地监控搜索引擎等信息控制者执行其职责的情况；另一方面，在信息主体向法院提起诉讼寻求救济之前，这些机构提供了基本的权利救济保障；此外，信息保护机构还能根据实践经验为法律的完善提出建议。其次，在制定涉及跨国数据传输的协议时，专业的信息保护机构能够提供专业的意见，并代表国家参与国际个人信息保护的谈判。我国需要建立一个独立的信息保护机构，该机构应负责调查职能，并拥有适当的干预权。当相关当事人对机构的裁决不满并提起诉讼时，个人信息保护机构应当有权参与诉讼过程。②

在当前形势下，我国在构建被遗忘权法律保护方面尚存在缺陷，特别是在网络信息领域，特定行政机构，例如信息委员会和电信管理部门，对个人信息权利的保护涉及范围较窄。创立一个专注于个人信息保护的机构，能够在保护个人信息方面起到规范化的作用；当个人信息权利受到侵害时，该机构能够提供基本的救济措施。此外，该机构还能够为完善立法提供指导，并根据实践经验为细化相关法律保护提供建议。因此，我国可以参考欧盟的相关机构设置，建立一个独立的个人信息保护机构，负责行政监督，这将是一个理性的决策。③在具体的实施过程中，我们可以考虑在县级以上的政府机构中创建一个单独的部门，该部门的职责是监督管理。该部门的核心职能是根据《个人信息保护法》的规定，拟定一套细致的执行细则，并且要定期对负责审查信息管理者的活动进行严格的审查和

---

① 马克·罗滕伯格，茱莉亚·霍维兹，杰拉米·斯科特．无处安放的互联网隐私［M］．苗淼，译．北京：中国人民大学出版社，2017：172.

② 同上．

③ 李芷卉．网络环境下被遗忘本土化的问题研究［D］．石家庄：河北经贸大学，2022：22.

评估。一旦侦测到任何违反法律的行为，该部门将迅速采取合法的措施进行严肃处理，并施以相应的行政处罚。同时，该机构还需为受影响的个人或群体提供申诉、行政复议等救济途径。此外，对于互联网企业的监管和指导，该机构也应发挥重要作用，推动这些企业增强自律性，积极履行社会责任。①通过建立一个专门的负责机构，被遗忘权的保护价值主要体现为以下几个重要方面：

第一，个人信息保护机构肩负着接受个人信息主体提出的申请和诉愿的关键任务。为了更有效地服务个人信息主体，该机构提供了网络和实体两种途径，使得个人信息主体能够方便快捷地提交被遗忘权删除的申请。对于满足特定条件的有效申请，该机构将依照统一格式，将其转交给相关的信息管理者，以便进行后续操作。这一先行的集中筛选过程不仅提升了工作效率，而且为个人信息主体减少了在请求删除信息及维护人格尊严上投入的时间和精力成本。个人信息保护机构不仅拥有接受申请和诉愿的职能，还通过与司法救济的结合，为个人信息主体提供了更加多样化的权利救济途径。这种由专业机构解决专业问题的模式，不仅有助于提升纠纷解决的效率，也在一定程度上避免了司法资源的浪费。通过这样的机制，个人信息保护机构在个人数据保护体系中扮演着越来越关键的角色，为维护个人信息主体的合法权益提供了坚实的支撑。为了确保个人信息保护机构的有效运行，需要对其职责进行明确的界定和规范。首先，机构应建立完善的内部管理机制，确保申请和诉愿的处理流程透明、高效。其次，机构应增强与其他相关部门的合作与沟通，以形成工作合力，共同推动个人信息保护工作的顺利进行。此外，个人信息保护机构还应积极开展宣传教育活动，提升公众对个人数据保护的认知，鼓励个人信息主体主动维护自身的合法权益。

第二，个人信息保护机构在个人数据保护体系中承担着调查事实和实

---

① 齐爱民. 大数据时代个人信息保护法国际比较研究 [M]. 北京：法律出版社，2015：73.

施行政处罚的重要职责。为确保个人信息主体的权利得到有效维护，该机构必须充分利用其调查功能。这涵盖了对信息控制者履行责任情况的监控，特别是对被遗忘权保护制度执行情况的审查。该机构将对信息控制者是否公正对待个人信息主体以及他们如何处理申请保持高度关注。另外，个人信息保护机构亦有权对相关实体在处理信息时是否遵循法律法规进行监管。①在具体实施过程中，该机构可以采用多种方式进行调查，包括但不限于审查相关文件、采访相关人员、收集证据等。如果发现有违反法律规定的行为，该机构可以采取相应的行政处罚措施，例如罚款、责令改正等。另外，个人信息保护机构还可以通过监督和检查的方式，确保相关主体遵守法律规定，例如，可以定期对信息控制者进行审计和检查，以确保其遵守被遗忘权保护制度和其他相关规定。如果发现有不当行为，该机构可以采取相应的纠正措施，并实施行政处罚。

第三，个人信息保护机构在个人数据防护框架内扮演着引导和推动任务执行的关键角色。为确保被遗忘权的保护制度能够顺畅执行，该机构必须对相关细则进行明确化，并保障其得到有效落实。这涉及制定清晰的操作指南、提供教育和引导，以及监控信息控制者履行其义务的情况。为了预防和降低互联网行业对个人信息主体被遗忘权的侵犯行为，个人信息保护机构还需建立一套预警系统。该系统通过实时监控和数据分析，能够及时识别潜在的侵权风险，并向相关部门发出警报，以便采取适当的预防措施。为了促进被遗忘权保护制度在互联网行业的有效执行，个人信息保护机构还需主动组织经验交流会议。通过邀请互联网行业的领先企业参与，分享他们在执行被遗忘权保护制度过程中的成功经验和案例，可以为其他公司提供有价值的参考和启示。这不仅有助于减少其他公司在执行过程中遇到的难题，还能提升整个行业对被遗忘权保护的意识和执行技能。通过

---

① 张新宝. 我国个人信息保护法立法主要矛盾研讨 [J]. 吉林大学社会科学学报，2018，58（5）：45—56.

引导和推动任务执行、建立预警系统以及组织经验交流会议等手段，个人信息保护机构为互联网行业提供了有力的支持和指导。这将有助于更有效地保护信息主体的合法权益，推动个人数据保护工作的顺利进行。

三、规定个人信息保留期限，实现个人信息安全保护

随着时间的流逝，信息的相对价值可能会经历变化。某些信息随着年代的久远而日益显得至关重要，而另一些信息则可能随着时间的消逝而丧失其原有的意义。鉴于互联网行业特有的数据持久保存特性，在探讨保护个人隐私的数据策略时，除了通过法律途径进行保护外，还可以采取措施从源头上减少网络存储的信息量。例如，我们可以思量针对个人信息设定差异化的存储时长。这表明，在用户或信息管理者上传个人数据之前，该网站已经预先设定了特定的保存时长供网络用户进行选择。用户可以根据自身的需要挑选适当的保存时长，一旦选定的时长结束，之前上传的数据将会自动移除，无须人工干预。这样的策略可以从源头上减少网络存储的信息量和内容，进而最大程度维护个人隐私信息。此外，我们还可以通过技术手段对个人信息进行加密或匿名化处理，以增加个人信息的安全性。例如，可以使用加密技术对个人信息进行加密，使其在传输和存储过程中不易被窃取或篡改。同时，也可以在收集个人信息时使用去标识化技术，将个人信息与特定个人脱敏，以保护个人隐私。[①]

实际上，在我们的日常生活中，已经存在一些类似的规定和措施。例如，社交软件 QQ 空间允许用户自行设置自己发布的"说说"的查看时间限制，以及非共同好友无法查看评论等。这些设置可以有效地保护用户的隐私和信息安全，避免不必要的泄露和侵犯。此外，微信朋友圈也提供了更为灵活的设置选项，用户可以根据自己的需求随时更改查看权限。例如，用户可以选择将朋友圈设置为三天、一个月、半年等不同的查看权

---

① 李芷卉. 网络环境下被遗忘权本土化的问题研究 [D]. 石家庄：河北经贸大学，2022：23.

限，以便更好地控制自己信息的可见范围。这些设置不仅可以保护用户的隐私，还可以提高用户对自己信息的安全感。尽管这些规则并未直接撤销最初发布的信息，但一旦达到预定的时间限制，"无法访问"的状态，在某种意义上达到了"被遗忘"的效果。本书中讨论的"设定存储期限"是一种更为完全的消除性质的"被遗忘"。这种权利，即决定个人信息保留时间的权利，应当授予用户及网络服务提供商双方。具体而言，对于用户而言，他们可以自主选择将个人信息存储期限设置为较短的时间，如三天或一周，以实现个人信息的随时更新和存储空间的释放。而对于网络运营者来说，他们可以根据法律法规的要求或行业标准，设定特定的个人信息存储期限。一旦超过该期限，相关信息将被自动删除或匿名化处理，从而确保个人信息的安全性和保密性。通过这种设置存储期限的方式，我们可以在保护个人信息的同时，实现互联网产业的可持续发展。一方面，这种措施可以有效地减少网络存储信息的数量和内容，避免个人信息的过度冗余和泄露风险。另一方面，这种措施还可以提高网络运营者的服务质量和社会责任感，促使其在信息存储和管理方面更加注重安全性和合规性。

另外，在科学、教育、医疗等公共领域中，信息数据需要被长期保存，以便发挥其研究价值。如果我们把这些信息与其他普通信息等同对待并删除，显然是不科学的。因此，在具体实施该制度时，我们需要在设置存储期限的基础上，根据信息的性质和种类进行更为细致的区分。对于那些涉及公共领域的信息数据，由于其具有特殊的重要性，应该被视为一种公共资源，以便进行长期保存和利用。这些信息数据可以包括科学研究数据、教育教学资源、医疗健康记录等等。由于这些信息数据的特殊性质，我们需要通过更为严谨的制度设计，以便更好地保护其完整性和可靠性。为了更好地保护这些信息数据，我们需要在设置存储期限的基础上，根据信息的性质和种类进行更为细致的区分。这包括对不同类型的信息数据进行分类保存和管理，以便更好地保护其完整性和可靠性。同时，我们还需要通过建立相应的审查机制和程序，确保在删除申请时能够进行更为严谨的审查和判断。通过执行这些策略，我们有能力降低起始阶段的请求数量，以及减轻审核和移除请求的负担。此外，这一过程有助于最大程度地保障那些有实际需要的信息主体能够获得被遗忘权的有效保护。这样不仅可以提高工作效率和质量，还可以更好地满足公众对于信息保护的需求和期望。

总之，保护个人信息是一项重要的任务，需要从多个角度进行思考和采取措施。通过立法、技术手段以及源头控制等措施的综合运用，我们可以更好地保护个人信息的权益和安全。

结　语

在法律用语中，"被遗忘权"指的是信息主体在发现自身权益受到侵害时，有权通知并请求数据控制者，即侵犯者移除网络上的个人信息，这是一种民事权利。从个人信息的角度来看，网络个人信息实质上构成了自然人主体在网络空间的一种延伸，它代表着个体的"数字人格"，能够反映个体的形象，并且受到信息主体的控制、支配，并表达其意志。因此，被遗忘权应当被视为人格权的一部分，并受到法律的充分保护。

鉴于互联网具备强大的检索和记录能力，被遗忘权在降低隐私风险、维护个人信息安全方面扮演着至关重要的角色。尤其在数据大爆炸的时代，被遗忘权应得到法律明确的规定和保护。尽管有些人对被遗忘权的立法化提出质疑，认为这可能对公共利益、经济发展和国家竞争力构成威胁，但从道德和法律角度来看，被遗忘权的保护具有正当性。尽管数据主体行使删除个人信息的权利可能会与其他权益发生冲突，但如果处理得当，完全能够解决这些冲突。需要强调的是，被遗忘权并非一项绝对的、不受任何限制的权利。为了平衡各方权益并解决潜在的冲突，我们可以通过引入"比例原则"来进行权衡和判断。这一原则要求在保护个人信息的同时，也要考虑到其他相关方的利益和社会的公共利益。随着数据信息化的快速发展，个人信息保护面临着前所未有的挑战。为了应对这些挑战，许多国家已经将"被遗忘权"确立为一项法定权利，旨在保护个人尊严和信息自主。通过立法和制定相关政策，这些国家为信息主体提供了更加全面和有效的保护机制。在立法理念上，欧盟与美国的被遗忘权存在显著差异。欧盟更加强调信息自主权，而美国则更偏向于保护言论自由。这种差异在两国的相关法律条文中也得到了体现。尽管如此，无论是欧盟还是美国，都在积极探索通过立法手段来维护被遗忘权。这一现象说明，并非所有问题都能通过行业自律来解决，有时必须依靠法律的力量来做出公正的判断。

我国目前尚未在立法中体现"被遗忘权"，但为了完善法制建设，应当将其纳入立法，并明确其概念以及加强对相关权益的保护。虽然全球各国对"被遗忘权"这一新兴权利的法律规定较少，但欧盟在 2016 年出台了《通用数据保护条例》对其进行保护。由于国情和社会现状的差异，我国不能直接照搬欧盟的条例，否则无法达到理想的规制和保护效果。因此，应该从定义、内涵、构成等方面进行考量，区分主体和客体等方面的差异，明确"被遗忘权"的权利和义务对象等。

"被遗忘权"的权利行使和权利限制可以从以下几个方面进行明确：首先，该权利不同于隐私权，属于人格权范畴，是人格权和个人信息权的子权利；其次，当"被遗忘权"的行使与其他权利的行使产生冲突时，应衡量二者价值并判断"被遗忘权"是否继续行使，即在保护权利的同时应予以适当限制，例如：当"被遗忘权"与公共利益、国家公权力相冲突时，或"被遗忘权"的实施会引起私权利之间的冲突等情况；再者，"被遗忘权"具有执行难的特点，在我国个人信息安全立法未落实的现实情况下，借鉴域外丰富立法经验，结合我国实际情况，有限度地引入被遗忘权，以弥补现有立法的不足。

在本书结尾，提出了关于"被遗忘权"保护的立法建议和设想。实际上，将"被遗忘权"纳入《民法典》和《个人信息保护法》的范围内进行双重保护是较为适当的，因为这项权利属于民事权利，需要为被侵权人提供相应的救济措施。我们认为，采用过错推定责任原则来保护和救济"被遗忘权"是一个较为合理和折衷的选择。这种责任原则将举证责任倒置，由侵权人承担证明自己无过错的举证责任，从而减轻了被侵权人的举证负担，更有利于保护其合法权益。

参考文献

一、中文文献

[1] 张建文，等. 被遗忘权的法教义学钩沉 [M]. 北京：商务印书馆，2020.

[2] 王沛莹. 科技与法律的博弈——大数据时代的隐私保护与被遗忘权 [M]. 成都：电子科技大学出版社，2019.

[3] 张华. 欧洲联盟对外关系法原理 [M]. 北京：法律出版社，2016.

[4] 齐爱民. 大数据时代个人信息保护法国际比较研究 [M]. 北京：法律出版社，2015.

[5] 陈海帆，赵国强. 个人资料的法律保护——放眼中国内地、香港、澳门及台湾 [M]. 北京：社会科学文献出版社，2014.

[6] 维克托·迈尔－舍恩伯格. 删除：大数据取舍之道 [M]. 袁杰，译. 杭州：浙江人民出版社，2013.

[7] 王泽鉴. 人格权法：法释义学、比较法、案例研究 [M]. 北京：北京大学出版社，2013.

[8] 约翰·奇普曼·格雷. 法律的性质与渊源 [M]. 马驰，译. 北京：中国政法大学出版社，2012.

[9] 王利明. 人格权法研究 [M]. 北京：中国人民大学出版社，2012.

[10] 张红. 人格权总论 [M]. 北京：北京大学出版社，2012.

[11] 王秀哲. 我国隐私权的宪法保护研究 [M]. 北京：法律出版社，2011.

[12] 齐爱民．拯救信息社会中的人格——个人信息保护法总论［M］．北京：北京大学出版社，2009.

[13] 孔令杰．个人资料隐私的法律保护［M］．武汉：武汉大学出版社，2009.

[14] 明俊．个人数据保护：欧盟指令及成员国法律、经合组织指导方针［M］．北京：法律出版社，2006 年。

[15] 戴恩·罗兰德，伊丽莎白·麦克唐纳．信息技术法［M］．宋连斌，林一飞，吕国民，译．武汉：武汉大学出版社，2004.

[16] 阿丽塔·L. 艾伦，理查德·C. 托克音顿．美国隐私法：学说、判例与立法［M］．冯建妹，译．北京：中国民主法制出版社，2004.

[17] 陈新民．德国公法学基础理论（下）［M］．济南：山东人民出版社，2001.

[18] 蒋坡．国际信息政策法律比较［M］．北京：法律出版社，2001.

[19] 王朝阳．互联网环境下被遗忘权的法律保护研究［D］．石家庄：河北经贸大学，2022.

[20] 贾欢．被遗忘权本土化制度构建研究［D］．扬州：扬州大学，2021.

[21] 梁祥磊．网络时代被遗忘权法律保护研究［D］．兰州：兰州大学，2020.

[22] 卢冰洋．欧盟《通用数据保护条例》中被遗忘权制度研究［D］．上海：上海师范大学，2020.

[23] 吴姗姗．刑事被遗忘权基础理论及制度构建研究［D］．南京：南京大学，2020.

[24] 李园．被遗忘权的法定化研究［D］．长春：长春理工大学，2019.

[25] 于靓．论被遗忘权的法律保护［D］．长春：吉林大学，2018.

[26] 刘敏敏．欧盟"个人数据保护指令"的改革及启示［D］．重庆：西南政法大学，2014.

[27] 刘勃然. 21 世纪初美国网络安全战略探析 [D]. 长春：吉林大学，2013.

[28] 王利明. 论个人信息删除权 [J]. 东方法学，2022 (1).

[29] 杨立新，赵鑫.《个人信息保护法》规定的本土被遗忘权及其保护 [J]. 河南财经政法大学学报，2022 (1).

[30] 王义坤，刘金祥. 被遗忘权本土化的路径选择与规范重塑——以《个人信息保护法》第 47 条为中心 [J]. 财经法学，2022 (3).

[31] 刘洪华. 被遗忘权立法的美国模式及其立法启示——以加州被遗忘权立法为研究背景 [J]. 时代法学，2022，20 (1).

[32] 李硕，孔倩. 利益衡量论下个人信息被遗忘权的规则构建——以环渤海地区《民法典》的解释适用为视角 [J]. 天津法学，2021 (1).

[33] 洪丹娜. 大数据时代被遗忘权的合法性证成 [J]. 华南理工大学学报，2021，23 (1).

[34] 贺桂华，董俞彤. 论被遗忘权裁判基准的构建——以比例原则切入 [J]. 宁波大学学报（人文科学版），2021，34 (5).

[35] 江溯. 从记忆到遗忘：欧盟被遗忘权制度的运行及其启示 [J]. 南京师大学报（社会科学版），2021 (4).

[36] 连志英. 被遗忘权对图书馆档案馆信息存档及信息获取的影响 [J]. 图书情报工作，2021（16）.

[37] 吴姗姗. 论被遗忘权法律保护的必然性及其法理依据 [J]. 江苏社会科学，2020 (1).

[38] 和丽军. 论我国继承权丧失制度的法律规制 [J]. 云南警官学院学报，2020 (2).

[39] 王歌雅.《民法典·继承编》：制度补益与规范精进 [J]. 求是学刊，2020 (1).

[40] 郭如愿. 大数据时代《民法典》人格权编对个人信息的定位与保护 [J]. 人民论坛，2020 (9).

[41] 王琰，赵婕．大数据时代被遗忘权的现实逻辑与本土建构［J］．南昌大学学报，2020（6）．

[42] 刘学涛，李月．大数据时代被遗忘权本土化的考量——兼以与个人信息删除权的比较为视角［J］．科技与法律，2020（2）．

[43] 魏思婧，毛宁．欧美国家用户个人信息被遗忘权的法理逻辑差异［J］．法律适用，2020，41（2）．

[44] 令倩，王晓培．尊严、言论与隐私：网络时代"被遗忘权"的多重维度［J］．新闻界，2019（7）．

[45] 陈晓曦．试论一种道德隐恕责任——从被遗忘权谈起［J］．华南理工大学学报（社会科学版），2019，21（3）．

[46] 胡洁．论"被遗忘权"在我国立法的可行性研究［J］．实事求是，2019（6）．

[47] 卓力雄．被遗忘权中国适用论批判［J］．长白学刊，2019（6）．

[48] 蔡培如．被遗忘权制度的反思与再建构［J］．清华法学，2019，13（5）．

[49] 薛丽，GDPR 生效背景下我国被遗忘权确立研究［J］．法学论坛，2019（2）．

[50] 齐爱民．中华人民共和国个人信息保护法学者建议稿［J］．河北法学，2019，37（1）．

[51] 孙晋威．论英国被遗忘权的发展及对我国的启示［J］．网络信息法学研究，2019（2）．

[52] 项定宜．比较与启示：欧盟与美国个人信息商业利用规范模式研究［J］．重庆邮电大学学报（社会科学版），2019（4）．

[53] 李媛．被遗忘权之反思与建构［J］．华东政法大学学报，2019（2）．

[54] 刘学涛，张翔鹏．被遗忘权的制度缺失、发展困境与中国构建路径［J］．重庆邮电大学学报（社会科学版），2019，31（3）．

[55] 滕凯伦．论奥卡姆剃刀定律对我国被遗忘权的指导意义——以我国被遗忘权第一案为研究中心［J］．法制博览，2019（1）．

[56] 李迎寒. 侵犯公民个人信息罪中"公民个人信息"的界定——以手机 APP 收集并使用公民个人信息为切入点 [J]. 湖南警察学院学报，2019 (3).

[57] 丁晓东. 被遗忘权的基本原理与场景化界定 [J]. 清华法学，2018 (6).

[58] 刘文杰. 被遗忘权：传统元素、新语境与利益衡量 [J]. 法学研究，2018 (2).

[59] 满洪杰. 被遗忘权的解析与构建：作为网络时代信息价值纠偏机制的研究 [J]. 法制与社会发展，2018 (2).

[60] 余筱兰. 民法典编纂视角下信息删除权建构 [J]. 政治与法律，2018 (4).

[61] 赵双阁，孙芪蕊. 大数据时代被遗忘权与新闻传播的冲突及平衡研究 [J]. 西南政法大学学报，2018 (2).

[62] 罗勇. 论我国个人信息保护立法中被遗忘权制度的构建 [J]. 暨南学报（哲学社会科学版），2018 (12).

[63] 张明楷. 法益保护与比例原则 [J]. 中国社会科学，2017 (7).

[64] 张建文. 被遗忘权的场域思考及与隐私权个人信息权的关系 [J]. 重庆邮电大学学报（社会科学版），2017 (1).

[65] 张里安，韩旭至. "被遗忘权"：大数据时代下的新问题 [J]. 河北法学，2017，35 (3).

[66] 张恩典. 数据时代的被遗忘权之争 [J]. 学习与探索，2016 (4).

[67] 杨乐，曹建峰. 从欧盟"被遗忘权"看网络治理规则的选择 [J]. 北京邮电大学学报，2016 (8).

[68] 张建文，高完成. 被遗忘权的本体论及本土化研究 [J]. 吉首大学学报（社会科学版），2016，37 (3).

[69] 万方. 终将被遗忘的权利——我国引入被遗忘权的思考 [J]. 法学评论，2016 (6).

［70］张建文．俄罗斯被遗忘权立法的意图、架构与特点［J］．求是学刊，
　　　2016（5）.

［71］胡彦涛．自媒体时代表达自由法律限制的论证方法［J］．政治与法
　　　律，2016（3）.

［72］段卫利．论被遗忘权的法律保护——兼谈被遗忘权在人格权谱系中
　　　的地位［J］．学习与探索，2016（4）.

［73］郑晓剑．比例原则在民法上的适用及展开［J］．中国法学，2016
　　　（2）.

［74］孙平．冲突与协调：言论自由与人格权法律问题研究［J］．北京：
　　　北京大学出版社，2016.

［75］漆彤，施小燕．大数据时代的个人信息"被遗忘权"——评冈萨雷
　　　斯诉谷歌案［J］．财经法学，2015（3）.

［76］张新宝．从隐私到个人信息：利益再衡量的理论与制度安排［J］.
　　　中国法学，2015（3）.

［77］郑志峰．网络社会的被遗忘权研究［J］．法商研究，2015（6）.

［78］杨立新，韩煦．被遗忘权的中国本土化及法律适用［J］．法律适用，
　　　2015（2）.

［79］夏燕．"被遗忘权"之争——基于欧盟个人数据保护立法改革的考
　　　察［J］．北京理工大学学报，2015（2）.

［80］郑文明．个人信息保护与数字被遗忘权［J］．新闻与传播研究，
　　　2014（5）.

［81］彭支援．被遗忘权初探［J］．中北大学学报（社会科学版），2014，
　　　30（1）.

［82］王融．欧美个人信息保护政策的分歧与妥协以及对我国的启示 J］.
　　　现代电信科技，2014（10）.

［83］邵国松．"被遗忘的权利"：个人信息保护的新问题及对策［J］．南
　　　京社会科学，2013（2）.

[84] 宋晓龙. 网络监控与国家网络空间治理 [J]. 中国信息安全, 2013.

[85] 王利明. 论个人信息权的法律保护: 以个人信息权与隐私权的界分为中心 [J]. 现代法学, 2013, 35 (4).

[86] 董亚君. 美国青少年网瘾研究现状及对策对我国的启示 [J]. 社会心理科学, 2012, 27 (9).

[87] 余凌云. 论行政法上的比例原则 [J]. 法学家, 2002 (2).

[88] 李立娟. 英媒谴责谷歌滥用"被遗忘权" [N]. 法制日报, 2014-07-08.

[89] 吕忠梅. 民法典规定了"被遗忘权"吗 [EB/OL]. (2021-02-23) [2022-04-07]. https://baijiahao.baidu.com/s? id = 16924664938 39383702&wfr=spider&for=pc.

[90] 中国国家互联网信息办公室. 为什么全球第一家互联网法院诞生在中国? [EB/OL]. [2022-06-02]. http: //www.cac.gov.cn/2019 − 11/04/c _ 1574400776656841. htm.

[91] 最高人民法院. 最高法首次联手芝麻信用共享被执行人信息 [EB/OL]. [2022-06-02]. http: //www.court.gov.cn/zixun-xiangqing-16431. html.

[92] 苏宁金融研究院.《个人信息保护法》要点解读 [EB/OL]. [2022-05-07]. https: //xw.qq.com/cmsid/20210924A025U600.

[93] 杨立新, 杜泽夏. 中国"被遗忘权"第一案任甲玉诉百度公司名誉权纠纷案裁判理由评述 [EB/OL]. (2018-08-10) [2022-06-30]. https: //www.yidianzixun.com/article/0Jl90Rs5.

[94]《刑法修正案 (七)》第二百五十三条解读 [EB/OL]. (2019-09-28) [2022-07-02]. https: //www.wenmi.com/article/pyj3tb05ir6t. html.

[95] 华律网. 刑法修正案九加强了对公民个人信息的保护 [EB/OL]. (2022-07-14) [2022-07-30]. https: //www.66law.cn/laws/130404. aspx.

［96］苏宁金融研究院.《个人信息保护法》要点解读［EB/OL］.［2022-04-07］. https：//xw. qq. com/cmsid/20210924A025U600.

［97］我国民法典对隐私权和个人信息的保护［EB/OL］.（2020-07-30）［2022-07-27］. https：//www. chinacourt. org/article/detail/2020/07/id/5383094. shtml.

［98］中洁网.中国互联网用户数 7. 21 亿全球第一，韩国普及率 98. 8% 居首［EB/OL］.［2022-06-03］. http：//www. jieju. cn/News/20160918/Detail792114. shtml.

［99］解读英国新数据保护法：脱欧后的信息安全"补丁"［EB/OL］.［2022-06-03］. http：//www. sohu. com/a/164760183_99894831.

二、英文文献

［1］Haga Y. Right to be Forgotten：A New Privacy Rightin the Era of Internet［M］. Corrales M，Mark F M，Forgo. N. New Technology，Big Data and the Law. Singapore：Spriner，2017.

［2］Alexander Tsesis. Data Subjects' Privacy Rights：Regulation of Personal Data Retention and Erasure［J］. 90 U. Colo. L. Rev，2019.

［3］Elena Corcione. The Right to Be Forgotten，between Web Archives and Search Engines：Further Steps at the European Court of Human Rights［J］. 5 Eur. Data Prot. L. Rev. -HeinOnline，2019.

［4］Jaclyn Kurin. Does the Internet Eraser Button for Youth Delete First Amendment Right of Others［J］. 4 Revista de Investigacoes Constitucionais，2017.

［5］Alexis M. Peddy. Dangerous Classroom Apptitude：Protecting Student Privacy from Third-Party Educational Service Providers［J］. BYU Education & Law Journal，2017.

［6］ohn W. Dowdell. An American Right to Be Forgotten［J］. 52 Tulsa

Law Review，2017.

[7] John W. Dowdell. An American Right to Be Forgotten [J]. 52 Tulsa Law Review，2017.

[8] Jaclyn Kurin. Does the Internet Eraser Button for Youth Delete First Amendment Right of Others [J]. 4 Revista de Investigacoes Constitucionais，2017.

[9] Gertrude N. Levine，Samuel J. Levine，Internet Ethics. American Law，and Jewish Law: A Comparative Overview [J]. 21 Journal of Technology Law & Policy，2016.

[10] Samuel W. Royston. The Right to Be Forgotten: Comparing U. S. and European Approaches [J]. St. Mary's Law Journal，2016.

[11] Edward Lee. Recognizing Rights in Real Time: The Role of Google in the EU Right to Be Forgotten [J]. 49 U. C. Davis Law Review 1017，2016.

[12] Michael L. Rustad，Sanna Kulevska. Reconceptualizing the Right to Be Forgotten to Enable Transatlantic Date Flow [J]. 28 Harvard Journal of Law，Technology，2015.

[13] Stephen J. Astringer. The Endless Bummer: California's Latest Attempt to Protect Children Online Is Far Out (side) Effective [J]. 29 Notre Dame Journal of Law，Ethics & Public Policy，2015.

[14] James Lee. SB 568: Does California's Online Eraser Button Protect the Privacy of Minors? [J]. 48 University of California，Davis Law Review，2015.

[15] Stephen J. Astringer. The Endless Bummer: California's Latest Attempt to Protect Children Online Is Far Out (side) Effective [J]. 29 Notre Dame Journal of Law，Ethics & Public Policy，2015.

[16] E. Wesley Campbell. But It's Written in Pen: The Constitutionality of

California's Internet Eraser Law [J]. 48 Columbia Journal of Law and Social Problems，2015.

[17] Ruslan Nurullaev. The Right to Be Forgotten in the European Union and Russia：Comparison and Criticism [J]. Higher School of Economics Research，2015.

[18] Stephen J. Astringer. The Endless Bummer：California's Latest Attempt to Protect Children Online Is Far Out (side) Effective [J]. 29 Notre Dame Journal of Law，Ethics & Public Policy，2015.

[19] Michael L. Rustad，Sanna Kulevska. Reconceptualizing the Right to be Forgotten to Enable Transatlantic Data Flow [J]. 28 Harvard Journal of Law & Technology，2015.

[20] Lawrence Siry. Forget Me，Forget Me Not：Reconciling Two Different Paradigms of the Right to Be Forgotten [J]. 103 Kentucky Law Journal，2014.

[21] Woodrow Hartzog. The Value of Modest Privacy Protections in a Hyper Social World [J]. 12 Colorado Technology Law Journal，2014.

[22] Jessica Ronay. Adults Post the Darndest Things：Freedom of Speech to Our Past [J]. 46 University of Toledo Law Review，Hein Online，2014.

[23] Case C-131/12，Judgment of European Court of Justice，13 May 2014，ECLI：EU：C：2014.

[24] David Lindsay. The 'Right to be Forgotten' by Search Engines under Data Privacy Law：A Legal Analysis of the Costeja Ruling [J]. J of Media L，2014.

[25] Viviane Reding. The EU Data Protection Reform 2012：Making Europe the Standard Setter for Modern Data Protection Rules in the

Digital Age" [J]. Innovation Conference Digital, LifeDesign, Munich, Jan. 22, 2012.

[26] Meg Leta Ambrose, Jef Ausloos. The right to be forgotten across the pond [J]. Joumal Of Information Policy, 2013.

[27] Ambrose M L, Ausloos J. The Right to Be Forgotten Across the Pond [J]. Journal of Information Policy, 2013.

[28] Brian Geremia. Chapter 336: Protecting Minors' Online Reputations and Preventing Exposure to Harmful Advertising on the Internet [J]. 45 McGeorge Law Review, 2013.

[29] Benjamin Strauss. Online Tracking: Can the Free Market Create Choice Where None Exists [J]. 13 Chicago-Kent Journal of Intellectual Property, 2013.

[30] Brian Geremia. Chapter 336: Protecting Minors' Online Reputations and Preventing Exposure to Harmful Advertising on the Internet [J]. 45 McGeorge Law Review, 2013.

[31] Meg Leta Ambrose. It's About Time: Privacy, Information Life Cycles, and the Right to Be Forgotten [J]. 16 Stanford Technology Law Reviews, 2013.

[32] Adam Thierer. The Pursuit of Privacy in a World Where Information Control Is Failing [J]. 36 Harvard Journal of Law & Public Policy, 2013.

[33] Jeffrey Rosen. The Right to Be Forgotten [J]. 64Stan. L. Rev. Online, 2012.

[34] Robert Kirk Walker, The Right to Be Forgotten [J]. Hasting Law Journal, 2012.

[35] Bert-Jaap Koops. Forgetting Footprints, Shunning Shadows. A Critical Analysisi of "the Right to be Forgotten" in Big Data Practice

［J］. 8 SCRIPTed，2011.

［36］ Kristen J. Mathews. Proskauer on Privacy：A Guide to Privacy and Data Security Law in the Information Age［J］. Practising Law Institute Press，2011.

［37］ Erin Murphy，Databases. Doctrine & Constitutional Criminal Procedure［J］. 37 Fordham Urban Law Journal，2010.

［38］ Arthur R. Miller. Personal Privacy in the Computer Age：The Challenge of New Technology in an Information Oriented Society［J］. Mich. L. Rev. -Hein Online，1968.

［39］ http：//eur lex. europa. eu/legal content/EN/TXT/？uri＝CELEX：31995L0046&qid＝1515533004821.

［40］ http：//ec. europa. eu/justice/data-protection/files/factsheets/factsheet _ data _ protection _ en. pdf，2017-12-24.

三、韩文文献

［1］ 俞忠浩，俞亨浩. 被遗忘权的民法问题与立法研究［J］. Chung-Ang Journal of Legal Studies，法学论文集第 24 卷第 1 期，2018.

［2］ 董良，李怡娴. 中国失信被执行人"被遗忘权"的法律保护探析［J］. Dong-A Journal of International Business Transactions Law，2022（37）.

［3］ 池容洙. 关于被遗忘权的宪法研究［D］. 忠北大学法学博士学位论文，2016.

［4］ 朴容淑. 关于日本"被遗忘权"的判例分析及未来课题——以最高法院平城 29 年 1 月 31 日判决为中心［J］. 外法论文第 43 卷第 1 期，2019（2）.

［5］ 李昌鉉. "被遗忘权（Right to Be Forgotten）"的相关研究［J］. 研究論文，2018.